吉田松陰
「人を動かす天才」の言葉

楠戸義昭

三笠書房

はじめに

不屈の精神の人、吉田松陰に学ぶ「志のある生き方」

吉田松陰は「言行一致」の人である。

志を高く掲げ、常に学び、理想を実現すべく、躊躇《ちゅうちょ》することなく行動した。三十歳で〝武蔵野の野辺に朽ちる〟その死の寸前まで、明日を確実に自分のものにしようと、学びつつ行動し、行動しつつ学び続けた。

松陰は幼くして叔父の吉田家に養子に入り、山鹿流《やまがりゅう》兵学者となった。全国を旅して海防の知識を高め、多くの友を得て学識を広めた。また読書は松陰にとってまさに滋養であり、活力の根源で、一寸の時も惜しんで本を開き、眠気に襲われると、夏は蚊にわざと血を吸わせ、冬は裸足で雪の上を走って、睡魔を払った。牢獄でのあまりの寒さに眠れない厳冬の夜明けは、頭が冴えて想念がまとまるとして、その逆境を悦んだ。投獄・自宅幽閉の不自由な状況にあっても、今ある場所を「価値ある場所」と信じてくじけない、松陰は不屈の精神の持ち主だった。

その松陰は幕末に松下村塾《しょうかそんじゅく》を主宰して、有能な志士を世に送り出した希代の教育者である。彼は身分にこだわらず、武士の子であろうと、足軽・町人・農民の子であろうと、来る者たちすべてを受け入れた。そして全体講義もしたが、一人ひとり個別にレッスンして、その長所を伸ばした。言葉遣いは丁寧で、しかも入門希望者が教授を願うと「教授なんぞはできないが、一緒に研究しましょう」といい、幼い生徒には松陰が自ら風呂敷包みを背負わせ、玄関まで送ってやったという。

彼は、教え子たちに読書中も大事なところは書き写すことを習慣にさせ、学問とは学者になるためにするものではなく、それを実行するためにするのであると教え込んだ。そして時勢・政治を重視して、日本が外国に脅かされている現状、幕府の弱腰外交の実態を説き、尊皇攘夷によってこれを打破する道を示した。そのために学問だけでなく、武士の子でない者たちにも武術を教え、軍事訓練も行なった。

松陰は、人間に最も大切なものは〝至誠（真心）〟であり、志を立てることが重要であると教育した。

松下村塾で松陰が生徒をとって教えたのは、塾舎ができる前の自宅幽室での時期を含めて、たった二年九カ月にすぎない。その間に百人近い生徒が松陰の教えを受けた。**「天下の英才はきっと僕の元から育つ」**と予言し、生まれ育ち、かつ松下村塾のある萩城下町東外れの松本村を、「小さな村だが、必ずやこの日本国の根幹にならん」との強い自信を抱いた。

塾生たちは松陰が刑死して後、師の志をわが志として引き継ぎ、即時尊皇攘夷の実現をめざして戦い、その多くが死んでいった。高杉晋作、久坂玄瑞《くさかげんずい》、入江杉蔵、吉田稔麿《としまろ》、松浦松洞《しょうどう》、寺島忠三郎……皆二十代の若さで散った。長州藩にあって、あまたの松下村塾師弟の志の上に築かれたのが明治維新だったのだ。

松陰の死からすでに百六十年近い今日、塾生や友人、親族や藩主・藩士に発した言葉は、ことごとく誠心あふれるものだけに、時代を超えて私たちの胸に強く迫ってくるものがある。それらの言葉は今も新鮮に響き、私達をも奮い立たせてくれる。

楠戸義昭

◎もくじ

2章

まっすぐであたたかい——松陰の素顔が見える言葉

——家族・同志を大切にした人間味ある一面

3章

怖れず覚悟を貫く言葉

——松陰が抱いた新たな夢、そして突然の死……

序章

「歴史の歯車を動かした男」吉田松陰

――人を、国を、そして自分を動かした生き様とは？

❖おとなしい性格の内に秘めた、尊攘の激しい闘志

「背丈は高からず、痩《や》せていて、顔色は白っぽく、天然痘のあばた痕《あと》があった。おとなしい人で、言葉遣いは甚《はなは》だ丁寧だった」

師・吉田松陰の印象について、十五歳で松下村塾《しょうかそんじゅく》に入門した**渡邊蒿蔵**《＊わたなべこうぞう》（旧名・天野清三郎）は、後にこう語っている。

幕末の激動の時代を、錐《きり》で鋭く突き通すように峻烈《しゅんれつ》に生きた吉田松陰。だが、その素顔は意外にも物腰が柔らかく、非常に謙虚な青年であった。そして、彼が誇りにした故郷・松本村は、東京から千キロ以上も離れた本州の西端、日本海に面した、かつての長州藩（萩藩）の萩城下町の東外れ（現・山口県萩市）にある。ここに、かの有名な松下村塾があったのだ。

松陰は物腰こそ柔らかかったが、村塾の壁に「松本村はひなびた村にすぎないが、誓って神国（日本）の幹とならん」と書き記したことからもわかるように、強い闘志を胸にたぎらせている男だった。そして、通ってくる塾生の長所を生かして、志を育

てる個人教育に心血を注いだ。

松陰は、塾生たちにこう説いた。

「読書をせよ。だが学者になってはいけない。勉強は知識を得るためのものであり、人は行動することが第一である」

そして、「議論よりも実行を」が口癖であった。

塾生たちは松陰の言葉を実践して、維新回天の扉を拓くために尊皇攘夷の志に燃えて戦い、多くの塾生たちが死んでいった。

そして生き残った者たちは、少なからず明治の元勲と呼ばれる実力者となり、近代日本をリードしたのである。松陰はまさに辺鄙《へんぴ》な片田舎の松本村を、維新の策源地とした人物であった。

偉大な教育者といえる松陰だが、集《つど》ってきた百人近い塾生を教えたのは、わずか二年九カ月という短い期間にすぎない。

「さてもさても、思うまいと思っても又《また》思い、云うまいと云うても又云うものは、国

＊渡邊蒿蔵　幕末～明治の武士、官吏。松下村塾で学び、後にアメリカ、イギリスに留学。

家天下の事なり」（兄・杉梅太郎《すぎうめたろう》への手紙、安政二年十二月十二日付）

松陰の国家への思いは熱く、強い。彼の目は、常に国事に向けられていた。

嘉永六（一八五三）年六月、江戸に遊学していた二十四歳の松陰は、浦賀にやって来たペリーの黒船を見に行き、その蒸気船の異様な大きさと軍事装備の前に、日本の軍備がいかに見劣りするかを思い知った。そこで、日本を強い国にするには西洋を知り、その技術を学ばなければならないことを痛感したのである。

それと同時に、開国を迫るアメリカをはじめ西欧諸国に、弱腰の対応しかできない幕府に失望感を募らせていく。

松陰はもともと毛利家の家臣である。その毛利家は幕藩体制のもと、幕府の恩によって存続していたとの思いも強く、本来、松陰は決して幕府を憎む人ではなかった。

しかし、松陰は敬神家で、天皇のいる京都を毎朝遥拝《ようはい》していた父・百合之助《ゆりのすけ》の感化もあって、かねてから、天照大神《あまてらすおおみかみ》にはじまる万世一系の皇室を重んじ、天皇を中心にした国体こそ、日本のあるべき真の姿だと考えた。

そこで、日本を神国（または神州）と呼んだのである。そして幕府の頂点に立つ将軍は、その天皇を助け、政治を代行するものと位置づけていた。

つまり倒幕が叫ばれ出した段階では、松陰は朝廷主導のもと、幕府と仲よくやっていくことを主張する公武合体論者だったのだ。

その松陰を激怒させ、公武合体論を取り下げて倒幕を掲げさせたのは、大老となった*井伊直弼《いいなおすけ》の朝廷無視の行動である。

直弼は安政五（一八五八）年六月十九日に、天皇の許可（勅許《ちょっきょ》）を得ることなく、アメリカ公使ハリスとの間で、日米修好通商条約に調印したのだ。松陰はこれを、天皇を軽視した幕府の横暴だと憤《いきどお》った。

このときから、松陰の心にある変化が起きた。過激な即時尊皇攘夷を主張するようになったのだ。アメリカにこびへつらい、天皇を無視し、国患を思わず、国辱といえる不平等条約に調印したのは、将軍の罪であると憤った。そして将軍を〝天下の賊《ぞく》〟と断罪し、ここに倒幕を宣言したのである。

これを境に、松陰は革命家としての表情を鮮烈にするようになった。

とはいえ、自らは牢獄や幽室にあるので、動けない。そこで、彼は塾生を京畿や江

＊井伊直弼　近江彦根藩主。勅許なしに五カ国と条約に調印。安政の大獄を起こし、桜田門外の変で暗殺された。

戸に派遣して情報を取らせたり、尊攘・討幕の先兵としたりしたのである。

まさに師弟は行動を第一とする尊攘激派の集団となり、その力を藩内に広め、さらに全国の志士と連携して、幕末政局の核となっていくのである。

常に国家のことを思った頑固な松陰だが、その一方で、彼の家族思いの優しい性格は生涯変わらなかった。

父母を敬愛したのはもちろんのこと、兄・梅太郎とは少年時代から、まるで一卵性双生児のように仲がよく、同じ蒲団に寝て、一緒に読書をするなどして育った。成人してからも、精神的にも経済的にも梅太郎の支援を受けた。

また、三人の妹のことは絶えず気にかけていた。妹たちの結婚にも心を配り、真ん中の妹の寿《ひさ》を*小田村伊之助《おだむらいのすけ》に、下の妹の文《ふみ》を*久坂玄瑞《くさかげんずい》と結婚させた。

また、最年長の妹・千代《ちよ》とは心の結びつきがとくに深い兄妹だった。二人は年齢が近く、貧しい時期の生活を共に経験したこともその理由の一つだろう。千代が嫁いだ後、獄中の松陰から千代に宛てた手紙は、まるで恋人へのラブレターかと見間違えるほどの情愛にあふれている。

松陰の兄弟の末っ子・敏三郎は、口が利けない聾唖《ろうあ》者だった。松陰はこの弟をとくにいとおしみ、勉強も教え、旅先では「敏三郎が口が利けるようになりますように」と神仏に祈ることを忘れなかった。

❖松陰の生業は「教育者」ではなく「兵学者」

ところで、松陰は教育者、思想家だと思っている人が非常に多いのだが、実は彼の本業は兵学者である。

松陰は数え五歳のとき、父・杉百合之助のすぐ下の弟・大助が養子に出て相続していた吉田家の仮養子となった。吉田家は代々、山鹿流兵学師範をもって毛利家に仕える家禄五十七石六斗の家柄だった。翌年、大助が病没し、松陰は六歳で吉田家を相続することになった。

吉田家と杉家は婚姻・養子縁組を繰り返した家同士だったので、幼い松陰は吉田家に行くことなく、生涯を杉家の一員として、父母のもとで過ごしたのである。

*小田村伊之助　長州藩の儒官、藩主・敬親の側近になる。明治になり群馬県令に。松陰の義弟。
*久坂玄瑞　長州藩医の子。尊皇攘夷のリーダーで、禁門の変に敗れて自刃した。松陰の義弟。

兵学修行の中、松陰は異国船から日本を守るための海防の研究に没頭し、九州から東北までを視察して歩いた。

そして、古式にこだわる山鹿流兵学に絶望し、西洋砲術に造詣の深い＊佐久間象山《さくましょうざん》を師と仰ぎ、自分の目で外国を見ようと、二十五歳で再来航したペリーの黒船に乗り込み、アメリカ渡航を企てて失敗し、逮捕された。

このときから安政六（一八五九）年十月二十七日、三十歳で刑死するまでの五年半の間、松陰は罪人として獄中、また自宅幽室の束縛の下で、同房の囚人たちを教育し、また若者たちに熱く立志を説いて、尊皇攘夷の魁《さきがけ》として身命を賭して粉骨努力したのだった。

❖松陰に名言が多いのはなぜ？

松陰の数々の名言が、今でも多数残っているのはなぜだろうか。普通、人に語った言葉というものは、どんなによいことをいっても消えてしまうものだ。

ところが松陰の言葉は消えなかった。現在に至るまで、おびただしい数の文章が残されている。

というのも、松陰は「書くこと」を大変重要視していたのだ。

松下村塾の塾生たちに、読書する時間の半分をメモに費やすようにと指導した上、自分が塾生に話す際も、話の内容をスラスラと書いていちいち渡したとされる。

松陰は常に、手元に一本の中太の筆を置き、硯《すずり》に墨をすっておいて、いつも言葉を操るように筆を走らせていた。このために手の指にはタコができていたという。

松陰は公式な文書だけでなく、塾生に祝いの言葉を贈る際なども、必ず写しを取っておいた。手紙を出す際もそうした。

しかも、松陰は牢獄にあって世間と遮断されていた時期が長かっただけに、外部との意思の疎通は自ずと手紙に限られた。また、獄中でも想念が様々に浮かぶと、これを面倒くさがらずにまめに書き残した。

杉家の当主となった兄の梅太郎は、松陰の死後もこれを大切に保管しただけでなく、塾生が松陰の思い出を綴《つづ》った冊子を寄こすなどすると、必ず書き写してから返却した。

＊佐久間象山　松代藩士。佐藤一斎に学び、蘭学・砲術に通じ、海防の必要性を主張。

さらに杉家・松下村塾が萩城下町の郊外の、しかも微高地にあったために、大火、水害、戦火などに一切遭わなかったこともあって、松陰の遺品文書のほとんどが散逸せずに、そのまま残った。だから、たくさんの松陰の名言が現在に至るまで伝えられることになったのである。

1章

吉田松陰に学ぶ「自分を高める」言葉

——「天才思想家」はいかにつくられたか

真心をもってすれば、不可能なことはない

――至誠《しせい》にして動かざる者未だ之《こ》れ有らざるなり。

（『講孟劄記《こうもうさつき》』）

この言葉は本来、今から二千三百年前の中国の思想家・孟子《もうし》の言葉だが、松陰が自らの精神の根幹とした非常に重要な一語である。彼の三十年の人生は、この至誠（真心）によって貫かれていた。

松陰の生涯は、牢獄で生活した期間がとても長かったが、萩の野山獄《のやまごく》に繋がれたとき、囚人たちと勉強会を開き、「孟子」を皆で読み、それぞれが思うところを述べ合った。そのとき、松陰は囚人たちから出た批判や感想を自らまとめた。そこには松陰の思いの丈が、その教養の深さと相まって、余すところなく語られていた。

松陰の門弟たちはそれを書き写して、松陰亡き後もこれを読み返し、自らの精神の糧《かて》とした。それが『講孟劄記』、またの名を『講孟余話《こうもうよわ》』といって、今では松陰の代表作の一つになっている書物である。この著書の前半は獄中で書かれたが、この段階ではまだ未完成だった。そこで、後半は出獄して自宅幽閉となる中で、家族らを前に講義を続けてこれをまとめ、完成させたのである。

『講孟劄記』では、**「偽りのない心、すなわち誠は天が人間に与えたもので、誠を思うのは人間として備えている品性である。だから至誠（真心）をもって動かし得ないものはこの世に今までになかった。誠はすべての根元となるものなのである」**といっている。

至誠（真心）こそ、すべての行動の基本ということなのだ。

『講孟劄記』はまた、「誠意・正心の工夫をもって身を修めることは人間たるものの根本である」といい、「**人は唯一、誠が大切であり、誠をもって父に仕えれば孝となり、君主に仕えれば忠、友と交われば信となる。この類のことは幾百幾千とあって名を異にするけれど、極まるところは、つまり〝至誠〟である**」と断言している。

❖性善説から生まれた〝至誠〟

松陰は、「誠」という言葉を頻繁に用いている。「天の道も君子の学問も誠の一字以外にはない。誠の一字には三つの大義がある。一に実行、二に専一《せんいつ》、三に継続である」と『将及私言《しょうきゅうしげん》』にある。

つまり、どんなに優れたことも実行しなければ意味がない。とはいえ、実行しても、そう簡単に望み通りにやり遂げられることは稀《まれ》である。だから、他のことを考えず、ただ一つの事に心を注ぐことが重要で、これが専一である。そして、決して途中であきらめてはならない。

人間は誠をもって実行し継続すること、絶対にあきらめない事が大切だと、松陰はいう。

なぜ、松陰はこんなにも至誠を重視したのだろうか。それは、彼の思想が性善説に立っていたからである。人間にもともと悪い人間はいない。その人間が悪くなったとすれば、それはよくない環境によって、善性が失われたからであるというのが性善説である。これも、松陰が孟子から学んだことだった。

松陰は「至誠はすべての人間に通じる」という信念をもって生涯を送った。しかし、三十歳のとき、安政の大獄により、罪をこうむって萩から江戸に送られる寸前、自らの信念にふと疑念が湧いたようだ。

安政六（一八五九）年五月十八日、江戸への搬送が噂される中、松下村塾《しょうかそんじゅく》の後継者になってほしいと**小田村伊之助**《おだむらいのすけ》（後に楫取素彦《かとりもとひこ》と改名）に手紙を送って後事を託した。伊之助は松陰の妹・寿《ひさ》と結婚していた（寿の死後、さらにその妹・文《ふみ》を後添えにする）。

その手紙には、こう書かれていた。

「至誠（真心）をもって動かし得ないものは、今までこの世になかった。しかし、私が学問を積んで二十年、年齢は三十歳になるが、未だこの一語をよく理解できない。今ここに箱根の山を越えるが、身をもってこの一語が正しいかどうか試そうと思う」と記し、さらに「この一語が他日、事実となれば、どうかこれを世に伝え、堙滅《いんめつ》させないでほしい。だが何の効果もないのなら、この手紙を焼き捨て、恥を友達に残さないでほしい。すべては貴方にお任せする」

このとき、松陰の信念に揺らぎが生じていたのだ。

◆「至誠」は松下村塾の門人たちに引き継がれる

松陰は、生涯で何回も牢獄に放り込まれている。

最初に投獄されたのは二十五歳のときである。ペリーの黒船が再来航して伊豆の下田沖に停泊しているところを、アメリカへ行くために、同じ長州藩の**金子《かねこ》重之助《しげのすけ》**（**重輔**）とひそかに舟で近づき乗船したのだが、密航は認められず、陸地に送り返された。仕方なく自首をして、下田番所に連行された。

その獄舎で、松陰は囚人相手に、皇国の皇国たる理由、人として守るべき道、外国人をなぜ憎むのかを日夜声高に説いた。嫌われるかと思ったら、囚人たちは皆涙を流し、松陰の志に共感してくれたという。番人も親切で、『真田三代記』などの書物を差し入れてくれた。彼らは松陰の、真摯で至誠あふれる態度に感銘を受けたのだ。

とはいえもちろん罪人は罪人なので、江戸に送られる際は網がけの唐丸籠《とうまるかご》だったが、付き添う八丁堀同心と岡っ引きは丁寧で、松陰の心もほぐれた。四泊五日の道中、松陰は番人に語りかけた。萩の野山獄の囚人にも真摯に接触し、心を通い合わせる。至誠は通じたのだった。

しかしその一方で、東北旅行の際、関所手形を持っていなかったために脱藩の罪に問われているし、アメリカ密航には失敗している。さらにこのあと老中・**間部詮勝**《まなべあきかつ》*要撃策、毛利藩主の伏見要駕策など、計画したものはほとんどに失敗し、さすがの松陰も精神的にも行き詰まった。

そんなときの江戸送致である。気弱になっていた松陰は、至誠は本当に通じるのだろうかと、ふと疑問を抱いたのだろう。江戸での取り調べに対して、松陰は嘘をつかず、役人に対しても、至誠をもって正義を説いた。彼は、自分の信念は必ず相手に通じると信じていたのだ。だが、幕府役人に至誠は通じなかった。彼がきちんと説明した事も悪いように受け取られて、ついに死罪の判決が下されたのだった。

*間部詮勝　越前鯖江藩主。通商条約に勅許を得るため朝廷工作を行ない、尊攘派を弾圧。

松陰は、処刑の一週間前に、その無念を父・兄・叔父の三者宛ての手紙でこう伝えている。

「ふだん、自分は学問が浅薄《せんぱく》なために、至誠（真心）をもってしたが、自分の存在をよく理解させることができず、死罪に至ってしまいました」

松陰が抱いた疑念は本当のものとなり、松陰は処刑された。彼は、至誠がまったく相手に通じなかったことを無念に思っただろう。

しかし、「至誠が通じないときは、焼き捨ててほしい」と松陰がいった手紙を、伊之助は焼き捨てずに大事に持ち続けた。松陰が信念の根本にした至誠の志を、伊之助だけでなく、松下村塾の門人たちの**久坂玄瑞**、**高杉晋作***、**吉田稔麿《としまろ》***らが引き継ぎ、時代の扉を押し開くことになるのである。

＊高杉晋作　長州藩士。尊皇攘夷の志士として活躍、奇兵隊を創設した。肺結核のため病没。
＊吉田稔麿　長州藩中間の子。玄瑞・晋作・入江杉蔵と共に松下村塾四天王の一人。池田屋事件で死ぬ。

志を立てることから、すべては始まる

――志を立てて以《もっ》て万事の源と為す。

（野山獄文稿・士規七則の付則）

松陰が二十五歳のときに、元服する従弟の玉木彦助に、野山獄から武士としての心得を、七カ条にして書き送った。その最後の締めくくりの言葉の一部である。

幕末——それは約二百五十年も続いてきた徳川幕府が、外国船の出没や相次ぐ農民一揆などによって、その屋台骨が揺らいだ時代である。そして、もう幕府の力ではこの日本はどうにもならない、天皇を頼りとして新しい時代をつくろうという強い思いをもった武士が次々に登場した。こうした若者たちを〝尊皇の志士〟というのは、ご承知のことと思う。

そんな勤皇の志士の先頭に立っていたのが、松陰である。志士とはどんな人をいうのか、松陰は『講孟劄記』の中で、明確にこう語っている。

「志士とは高い理想を持ち、どんな境遇に陥っても節操を決して変えない人のことである。節操を守る士は、困窮はもとより覚悟の上で、遅かれ早かれ、自分が飢えて溝や谷へ転げ落ちて死んでもいいと思い定めている。だから、勇士にとっては戦場で討ち死にすることは、もとより望むところであり、いつ首を取られようとも構わないという思いを忘れない。いやしくも武士と生まれた者なら、志士、勇士とならなければ、それはとても恥ずべきことである」

そう語る松陰は、今の自分の境遇を顧《かえり》みて、こういい切ってみせる。

「自分は今、囚人となって、まさに獄中で死のうとしている。だが、私は志士の節操を心がけよう。溝や谷に落ちて死ぬことを恐れさえしなければ、命がこの牢獄で尽きても、少しも気にすることはない。かえって本望でさえある。このように、志をひとたび立てたからには、人に助けを求めることもなく、世に救いを願うこともない。自信を持ってこの天地を見渡し、過去と未来を見届けよう。何とも愉快なことではないか」

また、松陰は同著で、志を高く設定するよう読者に促す。

「君に仕えることを目標に志を立てれば、生涯、君に仕えるだけの人になる。国家に奉仕しようと思う人は、それだけで終わってしまう。だから自分は大人、すなわち徳のある人になることを人生の目標として志を立てた。自分を正しくして、天下を正しくしようと思った。そのために懸命に生きて、何の功績もなく死んだとしても、私は悔いることはない」

❖十七歳で早くも志の大切さを友に説く

松陰は門弟だけでなく、友人たちにも、志の大切さを伝えている。松下村塾ははじめ、叔父の玉木文之進《ぶんのしん》が開いた私塾（玉木塾）で、松陰も子供のとき、ここで学んでいた。そこでできた友達に、実家が医者の松村文祥がいた。彼は弘化三（一八四六）年、安芸（広島県）に医術の勉強に出ることになった。この彼に、松陰は激励の書簡を送っている。

「進む道が正しいか正しくないか、学問や仕事がうまく行くか行かないか、それは志を立てたか立てなかったかにある。だから士たるものは、その志を立てねばならない。志があればやる気もついてくる。意気込みがあれば、目標が遠くにあってもたどりつけないことはなく、難しくてできないということもない」

このとき、松陰はわずか数え十七歳。この若さで、志の大切さを、堂々と友人に説くことができるほど、高い学識があったことに驚かされる。

また松陰には、四歳年上の白井古助《こすけ》という友人がいた。渡米に失敗して入獄したとき、遊学中の江戸で金品を伝馬町の獄舎に送って励ましてくれた人物である。

古助は洋学を学ぶため、江戸に遊学することになった。松陰は野山獄から、自分の経験をもとにした、はなむけの言葉を送った。

「西洋の学問は文字が目に慣れず、言葉は習えないので、日本人がこれを会得するのは難しく、途中で挫折する者がほとんどだ。これは実力がないのではなく、学習をきちんとできる環境がないからだ」

としながらも、

「必ずやれるという志がなければ、事は成し遂げられない」

と、前途多難な遊学を激励した。ここでも松陰は、志こそが事を成し遂げる上で、一番重要であることを強調している。

学問は「人とは何か」を学ぶものである

——学は、人たる所以《ゆえん》を学ぶなり。

（「松下村塾記」）

杉家幽室にいた安政三（一八五六）年九月に、当時、松下村塾（久保塾）を主宰していた、外叔《がいしゅく》の久保五郎左衛門（養母・吉田久満《くま》の養父）に頼まれて書いた。建学の理念が語られている。

松陰は野山獄から解放され自宅に戻ったが、自宅軟禁が条件だったので、実家である杉家の敷地から一歩たりとも外に出ることが許されなかった。杉家の近くでは、ほぼ寺子屋と同等のレベルの私塾を久保五郎左衛門が開いていた。そこでの勉強に飽き足りないと思った**吉田稔麿**（池田屋事件で斬り死に）や**伊藤博文**（初代総理大臣）らは、ひそかに松陰の幽室を訪れて、そこで学ぶようになった。

そんな時期、五郎左衛門は松陰に「松下村塾記」を書いてほしいと依頼した。このとき、すでに玉木文之進から引き継いだ松下村塾を、五郎左衛門は松陰に譲る話が出ていたと思われる。それを念頭に入れて「松下村塾記」は書かれたのだろう。

そこで松陰は、塾存立の目的を「学は、人たる所以を学ぶなり」と、ズバリその本質を突く言葉で表現し、これに続けて**「そもそも、人にとって最も重視すべきは君臣の義である。また国にとって最も重要なのは華夷《かい》の弁である」**とした。

「君臣の義」とは、君主と臣下が守らなくてはいけない正しい道のことであり、「華夷の弁」とは、儒教と一緒に中国から輸入された中華思想にもとづく言葉で、古代中国は自国を中華とし、文化の低い異民族の周辺国を夷狄《いてき》（未開の人）といった。

松陰はこのことから、「華」を日本、「夷」を外国とし、黒船来航に揺れる中で、日本と外国の違いを明確にすることが、君臣の義と共に、学問が最も重視しなければならないことだと考えたのである。

現在の民主主義の世では「君臣の義」も「華夷の弁」も時代にそぐわない考え方だが、封建社会で、外国に日本が侵略されるのではないかという危機が迫る中、外国を知り日本を知ることが学問として最も重要であったことは納得できる。松陰はいう。

「今、日本はどんな状況下にあるのか。鎌倉時代以降六百余年、武家の世になって、私たちは神州の地に生まれ、皇室の恩をこうむりながら、君臣の義を失っており、また華夷の弁も語られることはない。この二つを忘れてしまっては、学の学たる所以、人の人たる所以はどこにあるのか」

❖学問は人と禽獣の違いを知ることにある

学問とは、自分を見つめてその本質を知り、変化する時代を着実に読み取って、自分のものとし、自分が社会に対して何ができるか、何をなすべきかを導き出す案内人といえるだろう。松陰は、こういっている。

「学問の道は、人と禽獣（鳥と獣）とでは、どこが違うのかを知ることが肝要である。その違う点とは、**五倫（父子の親・君臣の義・夫婦の別・長幼の序・朋友の信）、五常（仁・義・礼・智・信）を守っているか否かにある。**これを失ったものが庶民、頑張ってこれを得たものが君子、ゆったりとして自ずと身につけているものが聖人である。衆人は努力すれば君子にも聖人にもなれるが、禽獣に落ちるものもある」（『講孟劄記』）

常に人間は「人間としての自覚」を忘れてはならず、本能のままに生きていては、禽獣と何ら変わらなくなる。それを知ることができるのが、学問だというのである。

さらに「元服しても、もっぱら博学に勤めよ」（『武教全書講録』）という。

「友達同士で励まし合って志を挙げて頑張る。おおよそ十歳前後より四十歳頃まで、三十余年の間は学問に打ち込む。その中で最も励むのは中の十年である、二十より三十までの間である。仕官すると学問を捨てがちだが、学問をして見識を広めることは、仕官の助けになる」

松陰の人生を見ていると、生涯、一日たりと休まずに、学問に打ち込んだ彼の真摯な姿勢がくっきりと浮かび上がってくる。

読書は最もよく人の考えを変える

――読書は最も能《よ》く人を移す。畏《おそ》るべきかな書や。

（門弟・野村和作への手紙）

獄中にあった松陰の密使などをつとめた門弟の野村和作は、捕らえられた。和作は身分が低かったため、野山獄と隣り合う岩倉獄に入り、獄中の二人は密かに手紙を交換し合った。これは安政六（一八五九）年四月十四日付の手紙である。

松陰は、野村和作に手紙を出す前日、明朝の恵皇の配下である諸臣伝を読んで、「死んでもよい」としきりに思った。そして、今日は同じ明朝の永楽帝に仕えていた諸臣伝を読んで、どうしても今度は功を立てたいと欲した。読書によって、こんなにも心境に変化をきたしたのである。松陰が書物の持つ力を「畏るべきかな」といって、敬意を払ったのは当然といえるだろう。そして「およそ読書は物事の要所をつかみ取ることが重要である。まとまりがなく、いい加減にすれば、書物の本意をとらえられない」（『講孟劄記』）と書いている。

本の内容を正しく理解し、自分の血肉とするためには、どうしたらよいのか。

十七歳で松下村塾に入り、奇兵隊などで活躍後、明治になって司法畑を歩き、宮崎県始審裁判所長などを務めた＊**天野御民**《あまのみたみ》は、往時を懐かしんで残した「松下村塾零話」に、こんな興味深いことを書いている。

「（松陰）先生つねに門人を諭《さと》して曰《いわ》く『**書を読む者はその精力の半ばを筆記に費やすべし**』と」

＊天野御民　奇兵隊などで活躍。維新後、裁判官を務め、史料編纂にも従事した。

松陰は書物を自分のものにするために、克明にメモを取り、感想も書き入れた。御民は「先生が詩文稿など、抜き書きしたものは、数十冊に及んだ」といい、指には筆の当たるところにタコができており、それはまるで石のように硬かったと語っている。

本を読むとき、重要なところを書き写しながら読む事は、非常に重要な事といえる。というのも、ただ読むだけでは、得た知識はすぐに忘れてしまう。読書は頭で読んで、手を使う、つまり肉体を動かすことで、はじめて心の中に入って来て、記憶に残るのである。

松陰のこの言葉は、今日の我々に大きな警鐘を鳴らすものといえよう。今日、情報量は膨大だ。現代人は、テレビや新聞・雑誌を含めて、松陰の時代の何十倍も知識を得ているが、右から左へと、ほとんど通り抜けてしまっているのではないだろうか。

現在、読書の時間は、スマホなどに奪われて、どんどん少なくなっている。それでは知識は体の中に薄くしか堆積しない。活字を追い、頭で咀嚼《そしゃく》し、さらにメモして自分のものにすることは、文明が高度に発達した現代でも、変わらず大切な事なのだ。

どれだけ科学は進歩しても、人間の体の組織は百年前も、千年前も変わらない。読書は今も非常に大切なものである。

❖読書して重要なのは、学んだことを実行・行動に移すこと

松陰はしかし、こうも述べている。

「読書によって道理を深く追求しながら、これを実際に考え、実行しない者は、弓で的《まと》を射る際、その大小遠近のすべてをくわしく知りながら、いまだ一度も弓を取って練習したことのないのと同じである。それでは弓を放ったとしても遠くまで届かず、的を射ることができないのはいうまでもない。だから、実行・行動することが重要なのだ。これは学問ばかりをして、行動しない者の戒めとすべきだ」（『講孟劄記』）

松陰は、これと同じ意味の言葉を、「士規七則」でも述べている。

「冊子をひもとけば、人の戒めとなるよい言葉が林のようにおどりあがらんばかりに書いてあって、読む人の心に迫ってくる。しかし、今の人はこれを読まず、もし読んでも実行しない。まことに読んでこれを実行しなければ、千年、万年と受け継いでいくものにはならない」

読書で学んだことを実行してこそ、「本当の意味で教養ある人」といえるのである。

武士道で一番大切なのは勇気である

――士の道は義より大いなるはなし、義は勇に因《よ》りて行はれ、勇は義に因りて長ず。

（「士規七則」）

先にも書いたが、十五歳で元服した従弟の玉木彦助に送った、武士の心得七カ条の一条。「士規七則」は松陰の没後、松下村塾門弟の指針となり、彼らの印刷によって、世間に広まった。

武士はいかにあるべきか。子供のときに兵学などを学んだ叔父の玉木文之進へのお礼も込めて、松陰がその嫡子・彦助が元服するにあたり、野山獄から安政二（一八五五）年春に与えた書である。武士道の神髄を、実に簡明にいい表した名言として名高い。

第一条は「人に生まれたからには、人と鳥獣の違いを知れ。**人には守るべき五倫（父子の親、君臣の義、夫婦の別、長幼の序、朋友の信）があり、この中で君臣の義と、父子の親が最も重要である。**だから人の人たる所以は忠と孝を基本とする」

第二条は「万世一系の天皇を戴く皇国たる日本にあって、諸国の武士は身分を世襲してきた。大名は民を養い、民は先祖からの生業を継ぎ、臣と民は君に忠を尽くし、父の志を引き継いできた。君臣一体、忠孝一致、これが日本の尊いところである」

そして第三条が冒頭の言葉だ。「**武士の道にあって最も大切なのが義である。義は勇気によって達成でき、勇気は義を知ることで成長し、ますます勇気を出させる**」

『講孟劄記』では、勇は智・仁と共に三徳であるという。仁心があることで、聞くもの、見るものがすべて善になり、人の善を自分の善とするのが智であるとしている。このことを実行する決断が勇なのだ。そして松陰は**「人にもしも勇がなかったなら、**

仁と智の気持ちがあっても意味がない」と、勇気の大切さを力説している。

❖大切なのは「立志」「交友」「読書」の三要素

「士規七則」に立ち戻る。

第四条は**「武士の行ないは真面目で飾り気がなく、決して人を欺《あざむ》かないことが肝要である。**人をごまかし、自分を飾ることはしてはならない。〝光明正大（心が清く正しく大きい）〟すべてはこれより始まる」としている。

第五条は「人として古今の事柄に通じず、聖賢（知徳に非常に優れた人）を師と仰がないのは、心が狭くいやしい人である。**書物を読んで、そこに登場する昔の賢人を友とする者は、君子（徳の高い立派な人）である**」

第六条は「徳を積み才能を磨くには、恩師や友だちが多いがいい。だが交遊は慎重でなければならない」

ところで「士規七則」は二種類のものが伝わっていて、その一方では松陰が文章を足したり、出典を明らかにしたりしている。六条では、曾子《そうし》（孔子の弟子）の言葉を引用して、「君子は学問をすることで友人を持ち、その友人との交際を通じて仁徳を修行する助けとする」といっている。

また孔子の言葉も書かれている。「天下の善士は天下の善士を友とし、なお足らないところを、昔の賢人の人柄や行ないを論じる」と。いずれもよき友を得て、学問に励むことが重要であることを、松陰は強調している。

そして最後の第七条では「**『死而後已**《ししてのちやむ》**（死ぬまで全力を尽くす）』**、この四字は言葉は簡明だが、意味するところは深い。我慢強く決断が素早く、意思がしっかりして動じない者にとっては、この四字が最もよい言葉である」といっている。

優れた武士になるためには、志を立て、友を選んで仁義の行ないの助けとし、読書によって聖賢の遺訓を学ぶ。つまり立志・交友・読書の三つが重要というのである。

なお、この「士規七則」を贈られた彦助（正弘）は、その十年後の慶応元（一八六五）年一月二十日、長州藩内での俗論党との絵堂《えどう》の戦いで、二十五歳で無念の死を遂げた。この彦助を継いだのが、養子の正誼《まさよし》で、その弟が陸軍大将の乃木希典《まれすけ》。希典は少年時代に玉木家に寄宿した際、松陰直筆の「士規七則」を譲り受け、肌身離さず所持し、それを絶えず口ずさんでいたとのことである。

武道の主眼は立派な男になることだ

――武道の眼目は大丈夫《だいじょうぶ》となることなり。

（『武教全書講録』）

松陰は五歳で山鹿流兵学師範の吉田家に仮養子に入り、翌年、相続して家学を継いだ。『武教全書』は山鹿流始祖の素行が著わした初学者向けの軍学書で、安政三（一八五六）年に杉家の幽室で、これを講話し、書き残したのが『武教全書講録』である。

「私は罪囚のはみ出し者であって、出獄したとはいえ、他人と接することは禁じられている。しかし、独り自ら志す所は皇国の大恩に報い、武門武士の職分を務めることである。この志は死んでも変わることはない」

兵学者の松陰は、『武教全書講録』で自らの気概をそう述べている。

そして「士道とは、無礼、無法、粗暴、また道義に背く言動をするといった、偏った武をするのではない。一方、そらんじるばかりで理解せず、語り物といった、うわべだけの軽薄な文（学問）をするものでもない。**真の武・真の文を学び、身を修めて心を正しくして、国を治め天下を安らかにすることが士道である**」といっており、武士は武だけでなく、文を学ぶことも同じだけ重要で、武と文は車の両輪であると力説している。

御役目がなく、家にいる武士の働きに松陰は目を向ける。武士の一日は諸士に会ったり、大事な客に接したりする以外は、武芸を習い、武義を論じ、武器を閲《けみ》することの三事にすぎないが、この三事は簡単そうでいて、決してそうではない。

武芸を習うことは、技術を向上させて名誉を求めることではない。いつも体を柔らかく慣らし、戦場での刀槍銃の接戦に即応できるよう日々修練することだ。当時、平和が続いて武芸は一種、遊戯のように甘くなっていて、武士は堕落していた。

また武義を論ずるとは、書物を開いて意義を研究すること。武義という言葉を松陰が使ったのは、変わった風俗を好み、時勢におもねり、うわべの華やかな書物に走ることへの戒めの言葉で、武義の二字を頭に入れて、士道にかなった本を読むことを求めたものである。さらに、武器を閲するのは、武士の重要な平素の心がけだった。甲《かっ》冑《ちゅう》の縅《おどし》絲《いと》が切れていないか、鉄砲の玉薬が十分にあるか、刀槍を錆《さび》させないよう日々の手入れも手を抜いてはならない。いってみれば、当たり前のことを当たり前にする。これも士道にとってきわめて重要なことなのである。

❖ 父母の美名を顕《あら》わしてこそ志士といえる

「粗末な衣類を着、貧しい食事を恥《はじ》て、安穏《あんのん》な暮らしを求めるのは、志士ではない。

志士というのは道を志す士であって、すなわち君子である」と松陰はいう。「武門武士として武道を磨き、国家の大恩に報いて、父母の美名を顕わすことを心がける、これが志士である」とし、志士は衣類や食事の粗末さを恥じる必要はまったくないと断言するのだ。

「士は倹約と吝嗇《りんしょく》の区別を知らねばならない。吝嗇は己の私欲のためにするものだ。人に与える衣食財器をケチり、よこしまな欲望、悪知恵をもって人より奪い、贅沢に飲食をすることで、守銭奴《しゅせんど》となって死ぬのが落ちである。一方、倹約は義を基としており、これは自らのためにするのではなく、人のためにするものである。衣食財器を倹約して、カネを貯えて、出陣の際など主君のために用い、友人が困っているときは助け、貧しい者に憐みを施すものである」として、倹約を促す。

松陰は兄・梅太郎《うめたろう》が野山獄に差し入れてくれた、烈公《れっこう》と称された幕末の尊攘藩主、水戸斉昭《なりあき》の壁書の写しに感銘を受けた。それは今の豊かな生活に溺れることなく、戦国の世の先祖を思い、自らの戒めにする言葉だった。「飯を得るごとに兵糧の粗々《あらあら》しきを思い、衣を得るごとに甲冑の窮屈を思い、居宅を構えるに陣中の不自由を思い、起居の安きに山野の苦を思い、父母妻子同居し兄弟親族と交わるに、遠国離居のときの悲嘆を思いやりて、今日の無事安穏を大幸とせば、何ぞ奢《おご》りの念を生ぜん」

松陰は同囚にこの壁書を示して、獄舎の艱難《かんなん》をこらえる一助にした。

士道は立派な男をつくる。だがその道が楽でなかったことを教えてくれる。

誰にも一、二の長所がある、これを伸ばせ

——人賢愚《けんぐ》ありと雖《いえど》も、各々一二の才能なきはなし。湊合《そうごう》して大成する時は必ず全備する所あらん。

（野山雑著「福堂策」）

アメリカ密航に失敗した松陰は、野山獄に投獄されたが、牢獄を絶望ではなく未来ある福堂（幸せの場所）にしたいと提言し、牢獄の改革を訴えた。

「人には賢い者と愚かな者がいるが、誰にでも一つや二つの長所はあるものだ。その長所を伸ばせば、いずれ必ずや立派な人になれる」

松陰はアメリカ密航に失敗した後、下田、江戸、そして萩で多くの囚人と暮らしたが、この経験の中でこんな考えに至った。彼が投獄される前の野山獄は、囚人に秩序がなく、皆酒に狂い、気性が荒々しく騒ぎ立てていたと『講孟劄記』にある。松陰はこれを見て、彼らはあまりに長く牢獄にいるからこうなってしまったのだと考えた。『大学』にある「つまらない人間は、やることがなく閑《ひま》でいると不善になる」という言葉は真実だと思ったのだ。しかし松陰が、同囚と一緒に学問などに励んだことで、獄中はどんどんよい方向に進み出した。松陰はこの経験から、牢獄を希望の持てる福堂の場に変えることは、難しいことではないと確信した。松陰はこういう。

「罪は事件についてあるのであって、人にあるのではない。一つの事件の罪で、その人の全人格を否定してはならない」

これを病気に例えて、「目が悪い者がいても耳や鼻に害はない。頭をケガしていても手足に異常はない。一カ所の病気でなぜ全身の働きが同じと思うのか」と訴え、囚人で勇気があり命を惜しまない者は、国を守る兵士に登用することなどを提言した。

見た事、聞いた事は書きとめておく事が肝要

――人の話を徒らに聞かぬ事と、聞いた事見た事、皆書き留め置く事、肝要の心得なり。

（松本源四郎宛の手紙）

松本源四郎は松陰より一つ年下で、家は代々長州藩の数学、天文、暦学の師範だった。安政二（一八五五）年三月、肥後に遊学する源四郎（松下村塾生ではない）に、野山獄から松陰は励ましの手紙を送った。

「人の話をひたすら聞くだけにせず、聞いた事、見た事を皆、書きとめておくことが肝要である」

「旅立ちにあたり、ノート二冊をつくり、一冊は日記として出発から家に帰るまでの事を、日を追って記録する。もう一冊は雑録として、見聞の事柄、自分の心得になる事、道義心のある操高い人などの名をこまめに書いておくとよい。見た事を見捨て、聞いた事を聞き捨てにするのは、小児の寝物語と一緒で、取るに足らないことだ」

松陰は、読書でも物事の要点をつかみ取ることが大切であると考え、そのため読書する時間の半分はメモに費やすよう、門弟たちに指導した。そしてまた、遊学する者には、日記をつけ、雑録ノートもつけるとよいとアドバイスしている。松陰は自分がそう忠告するだけあって、彼自身、すべての旅で日記を残している。

先に引用した『松下村塾零話』には「書を読んだら、自分の感じる所を抄録《しょうろく》（抜き書き）しておきなさい、と松陰に指導された」とある。

「今年抄録した箇所が、来年になればこんな所をなぜ抜き書きしたかと愚かに見える。その翌年にまた抄録すると、前年のものが愚かに見える。それだけ年々、自分の知識が向上している徴《しるし》だ」というのが松陰の理屈。なるほどと納得してしまう言葉である。

人の精神は目にある

――人の精神は目にあり。故に人を観《み》るは目に於《お》いてす。

（『講孟劄記』）

野山獄で囚人たちと孟子を輪講した安政二（一八五五）年九月の言葉。松陰の深い観察眼がうかがわれる。松陰は囚人たち十二人の中で一番年下だったが、その誠実な人柄から皆に愛された。

松陰は**「人の精神は目に宿る。だから、その人がどんな人かを知るには、その人の目を見ればわかる」**といっている。

この言葉は、孟子の「人を知るのに眸子《ぼうし》（ひとみ）よりいいものはない。眸子はその悪を覆い隠すことはできない。胸中が正しければ、すなわち眸子は明るい」という言葉に、松陰なりの解釈を加えたものである。松陰のこの名言には、さらに先がある。「その人の胸の中が善いか悪いかは、瞳がはっきりしているか暗いかでわかる。だから、よく瞳を見る者は、その人が賢いか愚かかということだけでなく、行動の様子まできちんと見分けられるのである。しかも、瞳に正しいこと、よこしまなことがはっきりと表れるだけではない。たとえその人が、声を丁寧にして笑顔をつくって慎み深く装ってみせたとしても、その人の瞳を他人が見れば、演技など何の役にも立ちはしない。実行をともなわない言葉、偽りの行ないはもとより、人を心服させ、信用を得ることはできない。こんな人がどうして、至誠ある人を動かすことができようか」

野山獄での孟子輪講で、松陰は囚人たちの明るく澄んだ瞳に心を動かされ、そう実感したに違いない。

人の人たる道は、高く美しく身近にある

——道は則《すなわ》ち高し、美し、約なり、近なり。

（『講孟劄記』）

『講孟劄記』の序文の冒頭の言葉。序の末尾に「安政二（一八五五）年秋日、二十一回藤寅、これを野山獄の北房第一舎に書す」とある。このとき松陰は二十六歳。二十一回は号、藤寅は吉田の本姓が藤原氏で、名が寅次郎であったため。

人の人たる道について、『講孟劄記』は数カ所で触れている。

四人たちとの孟子輪講では**「人たるものは、どんなことがあっても思い定めた道によって行動し、少しも自分の信念を曲げることなく、権勢におもねることのない」**ことが大切だと力説する。そして、その道は仁・義・礼からなっているという。

では、その道はどこにあるのか。それは広くとらえれば「四海」、つまりこの世界全体に広がっているが、これを巻き寄せれば「方寸」、つまり一寸四方の心臓に納まるというのだ。冒頭に掲げた言葉を見てみよう。

「人の人たる道は高く、美しく、簡略で、身近にある」。だがしかし「人はただその高く、かつ美しいのを見て、自分には到底なしえないと思ってしまう。道はその一方で、簡略で手直《てじか》にあって、非常に親しみやすいことを知らない」と指摘している。

松陰は、まわりの状況が激変しても動揺しなかった。だが、多くの人は、金持ちから貧乏になったり、楽な暮らしから艱難な苦しみに陥ったりすると、平常心を失い、混乱から脱け出せなくなる。そして、道は遠いところにあると思ってしまう。

真実はそうではなく、すべては心の持ちようであり、道を常に心に抱いていることが大切であると松陰は説いているのだ。

順境は怠《なま》けやすく、逆境は励みやすい

――境の順なる者は怠《おこた》り易《やす》く、境の逆なる者は励み易し。

（『講孟劄記』）

これも『講孟劄記』の序にある言葉である。聖人に次ぐ地位にあって、亜聖《あせい》と呼ばれた孟子は、道に親しむことを説いた先人だが、それを踏まえての松陰の言葉である。

松陰は『孟子』を読んでも道を理解できない人が多いのは、財産があって身分の高い富貴《ふうき》の者、また満ち足りた生活をしている者がいる一方で、身分や地位が低い者、つらい目に遭っている者、いずれもが環境に煩《わずら》わされているからだとしている。

「恵まれた境遇にある者は怠けやすく、不遇な境遇にある者は励みやすい。怠ける者は道を失い、励めば道を得ることができる。これが人の世の常である」

松陰は貧しい家に生まれた人だ。しかもその志の高さゆえに、脱藩、密航の罪を犯し、後半生は牢獄と自宅幽閉という逆境を生き抜かねばならなかった。彼はここに、自ら歩むべき道をはっきりとつかみ取っていたのだ。

その松陰が魁《さきがけ》となって、長州藩は尊皇攘夷の道を進む。その頑強な長州は、富貴・安楽を貪る上・中級武士によって生まれたのではない。松陰自身がそうだが、禄高の低い下級武士、足軽、農民、商工者の力があったからこそなのだ。

長州は攘夷決行で、外国船を砲撃して報復される。このとき、武士は意気地なく逃げ回った。それを見て、農民や商工者は嘲笑《あざわら》った。その者たちの闘志に注目し、**高杉晋作**は彼らを組織化して奇兵隊を結成し、同類の部隊が次々にできた。松陰の言葉通り、逆境の者たちが、強い長州をつくったのである。

人の本性は善であることを思いやれ

——何ぞ深く性善の地に思ひを致さざるや。

（『講孟劄記』）

人間の性はもともと善。孟子が唱えはじめ、儒教の根幹をなした性善説は、松陰思想の下地をつくる、きわめて重要な言葉である。

松陰は人から聞いた話として、こう述べている。

「人の本性は天の理《ことわり》であって、天の理に悪はない。だから、天の理によって生かされている人間の本性は悪ではない。これを天と地との関係から見ると、天は善のみがあるだけだが、地には善悪が混在する。なぜなら、天にはただ太陽のみがあって、万物の発育生長を育んでくれる。これは天の善である。一方の地は太陽の気を受けて、万物を発育生長させる。もし地がなかったならば、太陽はあっても、発育生長はない。これが地の善である。しかしこの地には、洪水・旱魃《かんばつ》・飢饉・疫病といった、すべて地の気が起こすものがあり、これが地の悪であって、これに天は関与していない」

これによって、人間の本性は善だというのである。

そして人の体というものは地のごときものであって、耳・目・口・鼻が声・色・味覚などで欲を出し、また手・足はのんきに楽しむことを欲する。そうした耳目や手足の欲を取り除いて、自らを省みれば、人の本性が善であることがわかる。本性はもともと善なのに、そうした五体の動きによって、人に善悪が混じる。

だからといって、体なしに人間は存在しない。この事実をよく知り、自分の本性が善であると認識し、心身を磨いて徳を身につけてほしいというのだ。

小人《しょうじん》は外見を恥じ、君子は内実を恥じる

――大抵《たいてい》小人の恥づる所は外見なり。君子の恥づる所は内実なり。

（『講孟劄記』）

「恥」の一字は、孟子が当時、差し迫っていた最も肝要な言葉だった。そして松陰が生きた幕末の日本でも、これを問題にせずにはいられないほど、嘆かわしい世相だったのだ。

「武道を興そうとするならば、まず恥の一字より取りかからねばならぬ。それは恥を知ることであり、今日、自分にとって一番の恥は何か。第二の恥は？　第三は？　第四は？　と順番に条立てにして工夫するならば、本当に恥を知る武士になれる」

と松陰はいう。そして小人、つまり人格が低くくだらない人と、君子、つまり学識・人格にすぐれ徳ある人とで比較してみると、

「君子は自分に徳義がないことを恥とし、小人は名誉のないことを恥じる。君子は自分に才能のないのを恥じ、小人は官職・身分と俸禄のないのを恥じる。この類《たぐい》を見ても簡単にわかるであろう。大体、小人が恥じるのは外見であり、君子が恥とするのは内実である」と述べ、こう嘆息してみせる。

「そもそも恥の一字は、本邦の武士が常に口にするが、恥を知らないほど恥ずかしいことはない。しかも武士が恥を知らないこと、今日に極まる」

松陰の嘆きは、現代にそっくりそのまま通じるだろう。それは電車の中を見れば一目瞭然である。平気で化粧をする若い女性。優先席でケイタイを操作するのは若者だけでなく年寄りまでも。内面も外見もなく、恥を恥と感じない人であふれているのは、時代を超え、国を超えてのことなのであろうか。

学者になるな、人は実行が第一

――学者になってはいかぬ、人は実行が第一である。書物の如きは心掛けさへすれば、実務に服する間には、自然読み得るに至るものなり。

（渡邊蒿蔵《わたなべこうぞう》談話）

十五歳から松下村塾に学んだ渡邊蒿蔵（元・天野清三郎）が、七十四歳のとき（大正五年）の聞き取り調査で述べたもの。「実行が第一」は松陰の持論であった。

「読書をしようとの心がけさえあれば、実際の仕事の合間でも、本を開いて、おのずと読めるようになる」というのが松陰のモットーである。

「この実行という言葉は松陰先生の口癖だった」と、**渡邊蒿蔵**は思い返している。

後に松陰の妹・文の夫となる**久坂玄瑞**が、松下村塾への入門を願い、まだ青臭い主張をもって、我がもの顔で闊歩《かっぽ》する外国人を斬れと叫んで、松陰に議論をふっかけてきたことがあった。これに対して、松陰は**「聖人・賢人の貴ぶところは、議論ではなく実行だ。つまらぬ多言を費やすより、至誠を積み蓄えるがよい」**と、当初は門前払いを食わせた。ここより玄瑞は真に学び、行動する志士へと成長する。

その一方で、松陰は『武教全書講録』で、「武士は聖人・賢人の書いた書物を読んで、人格を磨くことを平常の心がけとせよ」と述べ、学問の大切さも強調している。『講孟劄記』では、「行動はもちろん重要だが、ただ行動一辺倒になることを戒めている。**知を学問で得ても、行ないを廃した知は真の知ではない。また行ないばかりにとらわれ、知を廃するのも真の行ないではない**」と述べる。

知識を大いに吸収し、議論も大いにして、着実に実行する人物こそ、松陰が願う理想の志士だったのだ。

自分の価値観で人を責めてはならぬ

——己を以て人を責むることなく、一を以て百を廃することなく、長を取りて短を捨て、心を察して跡《と》を略らば、即ち天下いづくにか往くとして隣《りん》なからん。

（野山獄文稿「富永有隣《とみながゆうりん》の説」）

松陰自身が、この言葉通りの人柄だったのだろうと想像される。松陰が野山獄に入ったときに、有隣は先輩の囚人だったが、なかなか博学の徒であった。松陰は彼の釈放運動を進め、出獄してから松下村塾の先生にしている。

「自分の価値観をもって人を攻撃してはいけない。一つの失敗でもって、すべてを判断してはならない。相手の長所を取り上げて、短所は見ないようにする。相手の心を察して、結果が悪くても許す。そうすれば世の中、どこへ行っても人は慕って集まってくる」。

松陰は、**富永有隣**にこのように説いた。

有隣（名《あざな》は徳）は松陰より九歳年上で、明倫館に学び、十二歳の時に藩主の前で「大学」を講じた秀才で、小姓役にもなった。彼は、自らの才能の故に、自分ほど優れた人間はいないとお高くとまり、人を見下して憎むこと、まるで仇敵《きゆうてき》のようだったという。このために皆から除け者にされ、親類縁者まで嫌って、ついに嘉永五（一八五二）年に藩に申し入れて、三十二歳の有隣を見島に流罪にし、翌年からは野山獄に閉じ込めたのだった。つまり野山獄では、有隣が松陰の一年先輩にあたる。

松陰は有隣に、その性格を直すように忠告した。

「なぜ、皆をそう敵視するのか。私が見るに、あなたは獄で死ぬような人間ではない。徳を積んで、人に慕われるようになれば、事を成就できよう。あなたにはできる」

こう励まし、有隣を立ち直らせた。有隣はついに獄内だけでなく、松下村塾でも松陰の右腕になった。松陰の慧眼《けいがん》をよく示す言葉と逸話である。

仁と義は同根、父子間は仁、君臣は義なり

——仁義同根にして、遭《あ》ふ所に因りて名を異にするのみ。父子には仁と云ひ、君臣には義と云ふ。

（『講孟劄記』）

松陰が発明した言葉である。中国の聖賢たちが唱えた「仁は心の内にあり、義は外にある」との考え方は誤りであるとしている。

「仁と義は根が同じであって、出くわす所によって、呼び名が変わるだけである。父子の間では仁という。この仁は、『親《した》しみ』『慈孝（子への親の愛情と、親への子の孝行）』と同じ意味である。また、君臣の間では義という。それは同じ一つの心から出たものである」

松陰が生まれた杉家は代々、毛利氏を主君と仰ぐ武士であり、先祖代々、その恩恵に浴してきた。だから、衣食から家屋、田畑までが、藩主からの頂き物であるとの思いが強い。また、自分は身体髪膚《はっぷ》すべてを父母から受けたが、その父母もまたいうまでもなく君恩に浴してきたから、その体もまた君のものとの認識に立つ。そのように深く思いをめぐらすと、君への報恩が心に湧き上がってきて、君のために、一身を水火に投じ、敵の刃や矢じりにかかって、わが責務をなし得るだろうかなどと思うと、誠心があふれ出てきて止み難い。これが仁であり義なのだ。だが、これを仁ではなく義というのは、君と臣は身分が非常に隔たっていて、父と子のように親しくないので、義と呼ぶのだというのである。

また松陰は**「仁とは人そのものである。人でなければ仁はなく、もちろん鳥獣に仁はない。仁と人が一体となって、はじめて道はできる」**と記している。

武術を学ぶ者は道徳をも学べ

——兵を学ぶものは経を治めざるべからず。

（未焚稿《みふんこう》「学を論ずる一則」）

松陰は二十二歳の嘉永四（一八五一）年四月、兵学研究のために、藩主・敬親《たかちか》に従い、はじめて江戸に遊学し、安積艮斎《あさかごんさい》について儒学、山鹿素水《やまがそすい》に家業の兵学、佐久間象山に洋学を学んだ。

兵を学ぶ者は、なぜ経も学ぶ必要があるのか。「なんとなれば兵は凶器である。また逆徳である。これを用いて仁義の技《わざ》とするには、かりにも経に精通した者でなければ、きちんとこれを行なうことはできない」

兵とは兵学、つまり兵法に関する学問。経は経学のことで、中国の古典である経書を研究する学問のこと。経書は中国古代の聖賢の教えを記した儒教の経典であって、四書・五経・九経・十三経といった書籍をいう。

兵法を学び、また武術が上達して、優れた能力を発揮しても、道徳・倫理観が欠如していたら、単なる暴れん坊になってしまう。武士には高い資質が要求されていた。つまり、義・仁に厚い人格の形成が求められた。それを得るのが経学だったのだ。

松陰は江戸に出て、砲術を学びたいとして**佐久間象山**《さくましょうざん》の塾に入った。だが、最初に教えられたのは、砲術ではなかった。彼は叔父の玉木文之進宛ての嘉永四年十月二十三日付の手紙で「真田侯藩中佐久間修理《しゅり》（象山）と申す人、すこぶる豪傑で他に抜きん出た人です。今は砲術家ですが、入塾生が砲術のために入っても必ず経学をさせます。経学を学びにきた者にも必ず砲術をさせます」と書いている。生涯の師となった象山から、松陰はこの教えを学んだのである。

人事を究めたいなら先ず地理を見よ

――地を離れて人なく、人を離れて事なし、人事を究めんと欲せば先づ地理を見よ。

（『松下村塾零話』）

兵学者にとって、地形を読むことは作戦を立てるときの基本中の基本。松陰は松下村塾では地図を手元に置いて教えていた。彼は全国を行脚したが、山や川、海岸の形を見極めながら旅をしていた。

松陰は歴史を読むときは常に地図と照合し、昔と今の変化、また戦いなどでは敵味方の距離感などを詳《つまび》らかにしていた。だから地理には非常に精通しており、「**地を抜きにして人は存在せず、人なしにはいろいろな事は起きない。人として事柄をやり遂げたいなら、まず地理を見なさい**」と常々、塾生たちにいっていたのである。

地理を知る重要性は兵法書『孫子』にも書かれており、地形の高い低い、戦場の大きさや距離感、山や平地などを掌握して、地形ごとの戦い方を知っておくことは、将軍の責務だった。

松陰は子供のときから地形に興味があり、家の庭で一人で遊ぶことが多かったが、土図《どず》といって、コテでもって土を練って山をこしらえたり、川の形を造るなど、立体的な地図を描くことを好んだ。

二十歳のとき、松陰は海防調査のため、長州の海岸線をはじめて旅した。地形を調べ、測量して、船で沖に出て潮の流れまで観測する。外敵から国を守るには、まず地理を正確に把握することが大切だったからだ。また松陰は黒船来航の直前に、相模《さがみ》から安房《あわ》までの江戸湾の海岸線を踏査したが、そのときに出回っていた地図のいい加減さに驚いている。当時、地理の大切さに気づいていた者はごくわずかだった。

忠孝の心のない者に学問・武芸は害になる

——忠孝の念なき者をして、文武を講修し、武器を蓄へしめば、却って害になる。

(『講孟劄記』)

孟子の有名な言葉に「天の時は地の利に如《し》かず、地の利は人の和に如かず(天がくれた好機も地理的な有利さに及ばない。そして地理的な有利さも人の和にはとうてい及ばない)」というものがあるが、兵学者の立場から、松陰がその感想を書きとめたのである。

「文武は武士の家業であって、これを習練するのは当然のこと」（『武教全書講録』）とする松陰は、ここでは「忠孝の念のない者が学問・武芸を教わり、武器を蓄えれば、それはかえって害になり、その身をまっとうすることのできないもとになる」と述べている。

孟子の格言は、最も大切なのは〝人の和〟だとしている。人の和を得てこそ、地理が役立ち、天の恵みである好機も訪れる。だから国家の務めを論ずるときは、まず人の和を問題にしなければならない。

「人の心を一つにまとめてから、城を高く、池堀を深くして防備を厳重にし、優れた武器を備え、兵糧を十分に貯える。こうして戦いに臨み、地理を見極め、天をも味方につければよい。味方の者たちの胸中に忠孝の念があれば、それは味方が人の和を得たと同じである」というのだ。

松陰は、人の心に忠孝の念がきちんと確立できてはじめて、人も動き、天下も動くと考えた。人の和を得るのに一番大切なのは、忠孝の念だという。

それは幕末、忠孝の念のない者たちが、声高に攘夷を叫び、人の和を無視して暴走する者たちが多いことを憂慮していたからである。

武士は普段から覚悟し油断してはならぬ

――武士たる者は行住坐臥《ぎょうじゅうざが》常に覚悟ありて油断なき如くすべしとなり。

（『武教全書講録』）

武士道に覚悟が重要であること、また油断が取り返しのつかぬ禍となることを、多くの戦国武将たちが家訓に残している。松陰もまた武士がこれを十分認識するように強く促している。

松陰は「行住坐臥」という四字を用いて、覚悟と油断について言及している。「行」は行く、「住」はとどまる、「坐」が座る、「臥」は横になること。つまり、人の一日の動きはこの四字の中にすべておさまる。人は起きて行動しているときはもちろん、寝ているときも用心を怠らず、緊張感を持って生きろというのだ。その覚悟が武士には大切であり、油断は禁物であるといっている。

そう、武士にとって油断は文字通り命取りなのだ。戦いにおいては、何気ない油断が敗北を呼び死を招く。加藤清正は家臣への掟書《おきてがき》で「奉公人の道に油断があってはならぬ」と、わざわざこれを冒頭に掲げている。また、どの武将も武士の覚悟を重視している。藤堂高虎《とうどうたかとら》が「藩士たる者は、寝屋を出るよりその日を死番と心得るべし」と、今日こそが死ぬ日だとの覚悟を持って毎日を生きよと、家臣たちに訓戒している。

松陰の祖師である**山鹿素行**《やまがそこう》が、朱子学を離れたことから会津藩主の怒りを買い、赤穂に配流されるとき、「かねてから外に出ては、内を忘れるだけの覚悟はできているので、今さらいい置くことはない」といったとされる。それは「男は家を出れば、いつでも死ぬ覚悟ができている」ということで、松陰はこの覚悟を、武士道の亀鑑《きかん》（手本）として褒め称えている。

諫言《かんげん》できぬ者は、戦《いくさ》で先駆けもできない

――平時直諫《ちよつかん》なくんば、戦《いくさ》に臨みて先登なし。

（「感傷の言」）

安政六（一八五九）年三月、尊攘のため藩主・敬親に江戸参勤をしてほしくなかった松陰だが、ついに藩主は東勤の途につく。伏見に藩主の駕籠をとどめ、朝廷のために藩主を借り出そうとする策は失敗し、無念やるかたない野山獄での言である。

このとき、松陰の行動重視の思想は過激化し、松下村塾の門弟ですらついていけなくなっていた。彼はわが身を国のために投げ出すことに躊躇《ちゅうちょ》はなかったが、事の達成までは命を捨てず、生きていようと決めていた。

その詳細は第三章に譲るが、ここではこれに関連して松陰が書いた「ふだん主君に対して、諫《いさ》める言葉を吐けない者は、戦いになっても真っ先に敵陣に斬り込んで手柄を立てることはできない」との名言を紹介したかったのだ。

諫言は、当時非常に勇気のいることであった。無道な主君であれば、命を捨てることにもなりかねない。実際、若き織田信長の不品行をたびたび諫言した守り役の平手《ひらで》政秀《まさひで》は、聞き入れようとしない信長のため自刃して、行動を改めさせている。

徳川家康は「およそ主君を諫める者の志、戦いで先駆けするよりも大いに勝る」といっている。武功は名誉と利益のためにするのが普通だ。しかし、命にもかかわる諫言は割に合わない。それでも、あえて諫言する家臣こそ真の家臣であって、その功績は先駆けの一番手柄よりも上回るとして、家康は諫言の重要性を指摘している。

松陰は諫言することを恐れなかった。命を顧みずにする諫言こそ、武士の至誠の表れだったからである。

婦人の身だしなみは他人でなく夫のため

――膏沐《こうもく》は偏《ひとへ》に夫に事《つか》ふる礼にて、他人へ見せものに致すには之れなき筈。

（叔父・玉木文之進への手紙）

妻は、また母はいかにあるべきか。生涯、独身で通した松陰だが、女性への関心は人一倍強く、女性のあるべき理想像を常に考えて、多くを書き残している。

『女誡訳述《じょかいやくじゅつ》』の著述が松陰にある。これは松陰が杉家幽室にいた安政四（一八五七）年閏《うるう》五月、外叔の久保五郎左衛門が開いていた松下村塾には、女子の生徒も少なからずいた。そこで女子用の教本を松陰に依頼したのだ。

時に後漢の時代に曹大家《そうたいこ》（班昭《はんしょう》）という女性がいた。彼女は、兄の班固《はんこ》が書く『漢書』が完成を見ずに死んだため、その遺志を継いで完成させた学者だった。その著書に『女誡』がある。これに興味を持った松陰は、当時野山獄にまだ入牢していた**富永有隣**に翻訳させ、これに松陰が引例を加え、さらに自分の意見も示して、『女誡訳述』を書き上げたのだった。松陰はいう。

「夫は天が地を照らすように婦《つま》を愛し、婦は地が天を戴《いただ》くように夫を敬うものである。夫婦の仲はお互い信頼し合うことで結ばれており、もしその真心が失われるならば、天地の間の四季が狂って、春は花が咲かず、秋は実らず、夏は寒く、冬は暖かで、暴風、長雨、地震、津波と、人が手足の置くところもなく、よるべなく号泣し、さまよい、ついには死に至ることになる。夫婦の交わりで、信頼する心の真がなくなり、妻が夫を欺いて、うわべではいいことをいいながら、陰でいろいろ腹黒いことをすれば、それはやがて明らかとなって、つらく悲しい目に遭い、身を滅ぼすことになる」

夫婦は一家の基礎である。夫婦がいてこそ、親子の関係、兄弟姉妹、親戚も生まれると、教本用著述は強調する。

❖婦人は心清く、しとやかで、節義を守れ

松陰は「婦人には婦徳、婦言、婦容、婦功の四つの行ないがある」と述べている。

「婦徳とは婦人のよき心得、心の美しさであって、芸能の才能が優れているのをいうのではない。婦言は言葉遣いである。必ずしも弁舌がさわやかで、口を利くのがうまいことを意味しない。婦容とは化粧をして顔かたちが美しく、なまめかしいことではない。婦人としての手際のよさ、また手先が器用で人より優れていることをいうのでもない。婦功とは正直であって、内助の功をいうのである。

この四つの行ないの根本は、すべて心が清らかで優しく、人を憐れむ心が深く、心正しく、しとやかで、金銭などに惑わされることなく、節義をしっかりと守り、身の行ないを顧みて、恥をよくわきまえ、立居、振る舞い、作法を正しくすることである」

さて、冒頭の叔父・文之進への手紙だが、松陰は曹大家の『女誡』専心篇を読んで、

そこに「妻は外出のときは飾らず、家にいるときは美しくしていることが本当の姿である」と記された言葉を受けて、「髪を洗い、化粧をして、ひとえに夫に仕えるのが礼儀であって、他人のために化粧をし、着飾るのは間違いのはずである。しかし、今の世の中、婦人は家にあっては髪を乱し、身繕いも構わずにいるが、外出となるとなまめかしく装いをする。これは伝統の作法とは違っている」と、自らの感慨を述べたのである。

この手紙は、松陰が安政の大獄によって、野山獄から江戸に送られることが決まった直後の、安政六年五月十七日付のものである。自らに降り懸かる災難を目前にしながら、なお女性のあるべき姿に心を寄せている点が注目される。

松陰は「女性たちにこの事を貴方から話してほしい。夫婦の間柄は、家が正しくおさまる根本なので、頭のおかしい甥（松陰自身のこと）のひがみ事ではなく、本質を調べ究めた事として、別れにあたり申し上げるのです」と書いている。

松陰の『女誡訳述』は、妻はひたすら夫を思い、夫に思われることが最上の幸福とする、儒教的な、今では時代遅れの倫理観で貫かれているが、現代にも通用する話が随所にちりばめられている。

女学校をつくり、寄宿も許すべし

――国中に一箇所の尼房《にぼう》の如き者を起し、女学校と号し、願ひに因って寄宿を許すべし。

（『武教全書講録』）

中国では宋の時代に、全国女大学が建てられた事を知った松陰は、日本にも同様に女子の教育機関が必要だと痛感した。そして、幕末にあって早くも女学校の設立を提唱した。この先見の明には驚かされるものがある。

松陰は『武教全書講録』の中で、こう危惧している。

「淫《みだ》らな婦人の事はよく聞くが、貞淑でしっかりした婦人の話を聞くことはごく稀だ。これは国が滅びる前兆ではないか」「**男子がどれだけ強く屈しない心で武士道を守っても、婦人が道を失えば、一家は治まらず、子孫を教え戒めることもなくなる**」

変化する家庭の本質を突き、家庭における母親としての妻の重要性を語る。夫は勤めに出るため、武士の妻は子供の養育を任される。だから妻のしつけ、教養がすべて子供に反映することを、松陰はかねてから指摘し、母の役割の大きさを説いている。

そこで松陰は、国が女性のために教育機関をつくるように望み、国中に尼房のようなものを開く事を提唱した。これは古代、僧房に女性を留め置き、男子禁制としたことにヒントを得たものと思われる。

「この尼房のような様式のものを女学校と呼び、人格の高い人の未亡人で、四、五十歳以上で貞節に厚く、学問に精通し、しかも裁縫・機織《はた》りをよくする者数人を選び出し、女学校の師長とし、学校の中に住まわせる。生徒は八歳、もしくは十歳以上の武家の娘で、毎日学校に通わせ、願いによっては寄宿をさせ、もっぱら手習い、学問、裁縫、機織りを習熟させることにする」という構想だった。

遊学は学問に専念でき百倍も進む

――断然国を出でて遊学をなす如きは、心専《もつぱ》らに志致して、学も亦《また》進むこと百倍するなり。

（『講孟劄記』）

長州藩では藩主・敬親の意向によって、若い藩士の遊学を奨励した。また松陰は諸国を巡り歩き、見聞を広める重要性を、肌身で感じ取って、若者に旅すること、また遊学をすすめた。

旅は若者の心を育てる。現在の旅の中心は観光である。また海外留学は松陰のいう遊学にあたる。今でも旅は人の心を豊かにするが、新幹線も自動車もない昔は、旅は志を育てるための至上の手段であった。

松陰は長州藩士の児玉士常《しじょう》が四国・九州に遊ぶにあたり、**「志を立てるのには、諸国の奇才や優れた士に交わることが大切で、また山を越え大河を渡って大いに気を養うがいい」**といって、送り出している。

松陰自身も多くの旅をして、物見遊山《ものみゆさん》で大いに英気を養ったが、旅はさらに大きな恩恵を与えてくれた。彼の旅の本当の目的は、その土地の見識ある人を訪れて意見を交わし、その知識を吸収することにあったのだ。当時は訪ねてくる知識欲旺盛な若者に、見識者が気軽に会ってくれるというよき風潮があった。また、訪問先でこれはと思う書物があれば、その場で借りて写させてもらうことも可能だった。

そして松陰は『講孟劄記』の中で、遊学の必要性を強調している。

「学問を志す人は多いが、萩にいては俗事に追われて集中できない。きっぱりと国を出て遊学すれば、俗事を排除でき、学問以外で外に出ることもなく、もっぱらに志に向かって進むことができ、百倍も勉強が進む」

体は私《わたくし》であり、心は公《おおやけ》である

——体は私なり、心は公なり。私を役《えき》して公に殉《したが》ふ者を大人《たいじん》と為《な》し、公を役して私に殉ふ者を小人《しょうじん》と為す。

（丙辰幽室文稿「七生説」）

至誠にあふれ、義に厚い松陰の名言である。楠木正成を信奉する松陰は、正成の肉体は湊川《みなとがわ》に滅びたが、七生報国《しちしょうほうこく》の精神は永遠に滅びないと信じていた。これは、その信念から生まれた言葉である。

人間は心と体からなっている。体は自分一人のものであり、寝起き・飲食・排泄をするものだ。それは動物と同じで、しかも必ず死がある。これに対し、心は精神であり、神の領域に近い。たとえ体は死んでも、その心が紡《つむ》いだ精神は、時に人を感動させ、滅びることなく生き続けることができる。

一人一生《いちにんいっせい》の体とはすなわち「私」であり、人の心に分け入って時間軸をも超えられる心は、すなわち「公」といえる。そう、松陰は考えたのである。

「万物は陰陽の二つの法則からなるという道理にもとづいて、人は生まれるや、この法則によって心を勝ち得、その気をうけて体ができる。体（肉体）は私であり、心（精神）は公である。体を駆使して心を磨き、徳を積んで道を見出すのが大人（徳の高い人）である。これに反して、徳や道を考えず心をただ肉体の欲望のままに使って満足しようとするのが小人（器量のない人）である」

「小人は肉体が滅び、気がなくなったとき、すべては腐り破れ果てて、もとには戻らない。しかし、公である心を大切にする君子は、その心が道理に通じて、肉体が滅び、気がつきても、道理は独り古今にわたって、天と地に満ちて、消えることはない」

こう主張して、松陰は死を恐れない真の勇者たらん道を行ったのだ。

山は木をもって茂り、国は人により栄える

――僕常に謂《おも》へらく、山は樹を以て茂り、国は人を以て盛《さかん》なりと。

（土屋蕭海《しょうかい》への手紙・安政二年九月十三日付）

土屋蕭海は獄中の松陰を救おうとして、たびたび奔走した親友である。松陰が添削《てんさく》批評を乞うほど、文章に秀でていたという。この親友に、二十六歳のときに、長州藩の人材の登用について持ちかけた言葉である。

優れた人材の登用こそが、国を富ませる基本であることを述べている。「山は樹木が青々と茂ってこそ美しいように、国は優れた人材の登用によって繁栄する」と、常々考えていた松陰は、他藩の人であっても、藩内に来て、本人が満足できれば留まってほしいと願っていた。

松陰が逸材だと思ったのは、一風変わった僧侶の黙霖《もくりん》だった。安芸《あき》国生まれで、十八歳で聴覚を失いながらも、四十カ国を遍歴し、三千余人の儒者・志士と交わったとされる。勤皇の志に厚く、討幕論者だった。松陰がアメリカ密航に失敗して野山獄にいたとき、文通をはじめ、書簡でしばしば激論も戦わせた。結局、生涯会う事はなかったが、お互いが尊敬し合う仲となった。松陰は藩庁に建白して黙霖を長州に留めたいと思ったが、どうせ役人は融通が利かず、簡単には許可しないだろうから、蕭海の智恵を借りたいと願った。松陰の要求は死後に実現し、黙霖は長州藩の儒籍に列した。

山田宇右衛門《うえもん》は少年時の松陰の目を世界に向けさせ、西洋兵学の重要性を説いた師だが、この師に二十三歳のときに送った書でも、**「水に流れの源があり、木には根がある。これがなければ水は涸《か》れ、木は枯《か》れる。国にとって、人は水源であり木の根である」**と述べて、人の大切さを語っている。

暗愚な主君に仕えてこそ真の忠臣である

——明主に忠有るは珍しからず、暗主に忠なるこそ真忠なれ。

（『講孟劄記』）

逆境に動じない志の強さを求める。順境にあっては、人は身軽に明るく行動できる。だが、頼りない主君、今でいえば、そんな企業で、どれだけ自分は働くことができるのか……。その覚悟は？

社長がバカなら、会社は傾き、そして潰れる。しかし、社長を支える社員が優秀で、発展した会社も少なからずある。

人は国を選べず、この世に生をうける。武士もまた生まれ落ちた藩が、生涯の地であり、藩主を選べるはずもない。また国や藩にも栄枯盛衰があることは歴史が教えてくれている。松陰はいう。

「国が強く、勢いが盛んなときは、誰でも忠勤を励むものである。しかし、国が衰えると、志を曲げて、敵に降ったり、主君を売る類の輩《やから》が少なからず出てくる。だから人は晩節をまっとうするのでなければ、どれだけ才知学芸があっても尊ぶに足らないのだ。賢い主君に忠義を尽くすのは珍しいことではない。しかし暗愚な主君に忠義を尽くしてこそ、本物の忠臣といえる」

松陰はこれを父子の関係に置き換える。

「慈悲のある父親に孝心を尽くすことは珍しいことではない。頑固な父に孝行してこそ、真の孝行である。褒められて忠孝をするのは珍しいことではない。父から咎《とが》め罰せられてもなお、忠孝を尽くしてこそ真の忠孝である」

そして「高潔な武士の、これが日頃の覚悟である」と、松陰は断言する。

一日一つを記せば、年に三百六十を学べる

――一日に一事を記せば、一年中に三百六十事を得ん。一夜に一時を怠らば、百歳の間三万六千時を失はん。

（丙辰幽室文稿「人に與ふ二篇」）

野山獄を出て、実家の杉家の幽室で書いた二十七歳のときの言葉。一日のわずかと思える時間でも、それを無駄にすれば、積もり積もって、一年、また一生で換算すると大変な時間を失ったことになる。決して時間を無駄にしてはいけないという松陰の教え。

「一日に何か一つを学べば、一年で三百六十の知識を得ることができる。一夜で一時間さぼれば、百歳まで生きたとして三万六千時間、じつに四年余りの時間を失うことになる」

これが松陰の考え方である。

ここで一年を三百六十日としているのは、当時は陰暦（旧暦）で、一年は三百五十四日程だったからだ。太陽の運行とズレるために、何年かに一度、閏月を入れて一年を十三カ月として、調整していた。さて、この松陰の言葉には後半部分がある。

「万物を生んでくれる天地には大きな徳がある。そして君主や父母にはこの上なく大きな恩がある。この天地の大徳に報いるのに真心をもってし、君主と父母の恩に身を尽くして努力しなければならない。なぜなら、今日という日は二度と戻ってこない。人は一度死ぬと復活することはない。よって一日、いや一刻さえ疎かにしてはならず、知識を積むために勉強に励み、また天地の大徳に感謝し、君主・父母の恩に報いるために、少しの時間も無駄にしてはならない」

まさに「一日、再び晨《あした》なりがたし（一日のうち朝は再び来ず、時は過ぎやすく、若いときは二度と来ない）」のことわざを彷彿させる松陰の言葉である。

男児の一生は棺《ひつぎ》を蓋《おお》ったときに決まる

——男児は棺を蓋はずんば謏《みだ》りに評すべからざるものあるか。

（久坂玄瑞が松陰の手紙に添え書きした言葉）

もともとは中国二十四史の一つ『晋書《しんじょ》』にある言葉。松陰もこの言葉を入江杉蔵への手紙や『留魂録』に残し、松陰が最も期待した弟子、久坂玄瑞・高杉晋作の二人も用いたのである。

冒頭の引用文は安政六（一八五九）年三月二十九日付で野山獄から、**小田村伊之助、久保田清太郎、久坂玄瑞**の三人に宛てた手紙の行間に、玄瑞が細字で書き込んだもの。処刑される七カ月前、松陰の思想は過激化し、門弟たちに要人刺殺など極端な命令を様々出した。この余りに過激な行動に、玄瑞や晋作などほとんどの門人がこれを拒否して、逆に松陰を諫言した。

これに大いに不満を示した松陰は、絶交を宣言し、自分は死を賜りたいので周旋《しゅうせん》（介錯《かいしゃく》）せよなどと息巻いた。松陰はやがて自分の行動を恥じて、皆に謝ることになるのだが、その怒りの最中に来た手紙に玄瑞が書き込んだのが、「その人間の本当の評価は死んではじめて定まる」という言葉だった。

玄瑞は、松陰が優れた師であることをよく知っていた。怒りにまかせる今の松陰は尊敬できないが、きっと松陰は歴史に名を残す人物になると見て、そう書いたのだ。

松陰自身も同年二月二十九日に**入江杉蔵**＊**（九一）**に与えた一文で、「曰く、棺を蓋

＊入江杉蔵（九一）　長州藩、親は中間。松下村塾四天王の一人。弟の野村和作（靖）と共に松陰に忠実に尽くした。禁門の変で死ぬ。また和作は明治になって枢密顧問官、内務大臣などを務めた。

いて論定まる」といっており、それに該当する優れた人物は、アメリカ密航に失敗し、獄死した**金子重之助**だとしている。

またこの五年後の十二月、**高杉晋作**は俗論党の藩政を覆すため、功山寺に挙兵するが、直前の手紙に同じ言葉が述べられている。師弟三人、図らずも同じ想いを抱いていたのである。

2章

まっすぐであたたかい——松陰の素顔が見える言葉

——家族・同志を大切にした人間味ある一面

杉家の美風は、親族が仲よいことだ

――杉家の家法に世に及び難き美事あり。第一に先祖を尊《たっと》び給ひ、第二に神明《しんめい》を崇《あが》め給ひ、第三に親族を睦《むつま》じく給ひ、第四に文学を好み給ひ、第五に仏法に惑い給わず、第六に田畠の事を親《みずか》らし給ふの類《るい》なり。

（妹・千代への手紙・安政元年十二月三日付）

松陰は、自分が生まれた杉家を誇りとしていた。厳格な父・百合之助《ゆりのすけ》、やさしく慈悲深い母・瀧《たき》。杉家には六つの法（家憲）があって、それはすばらしく、その美風のもと、家族は実に幸せだったのだ。

「杉家には、どこの家にも負けない美風がある。それは第一に、先祖を尊んでいること、第二に神を大切にして敬っていること、第三に家族をはじめ親族が仲よく暮らしていること、第四に文学（学問）を好んでいること、第五に仏教に惑わされないこと（当時、儒教から見て仏教は下道と見られていたことによる）、第六に家族皆で田畑を耕して生活していることである」

このように、松陰は誇らしげに杉家の美風をあげている。

松陰の少年時代、杉家は貧しかった。百合之助は役職についておらず、無役の杉家の年収（家禄）は二十六石しかなかった。

そんな微禄なのに、祖父の代に三石を借金したため、年々棒引きされ続けており、実高が二十三石になっていた。しかも赤字財政に苦しむ藩に、その六割以上を召し上げられており、年間に藩から杉家がもらえる米はたった八石（大人の生活費に換算して四・四人分）にも満たなかった。

そこでやむなく、農民から耕作地を賃借りして、農業に従事し、何とか収入を増やして糊口《ここう》を凌《しの》いでいたのだ。

農作業は一家総出でやった。そして読書を欠かさず、勤皇の志が篤《あつ》かった百合之助は、長男・梅太郎《うめたろう》とその二つ年下の二男・松陰に、この田畑で教育を施した。

梅太郎が書いた『杉百合之助逸話』によれば、

「百合之助はもっぱら農耕を生業《なりわい》とし、農作業をしながら常に読書を怠らず、臼《うす》で米をつくときも、台柄（玄米を白米にする米つき台）に本を置く見台をこしらえて読み、子供の梅太郎、松陰の素読はほとんど畑で教え、田畑を耕しながら、勤皇にかかわる詩文等を吟じて、自然と子供を勤皇に導いた」

と記されている。

父は耕作の休み時間、梅太郎と松陰を畦《あぜ》に座らせ、四書五経を教えた。家の背後にある田床山（護国山）に柴刈りに行く道すがら、詩文を吟じて覚えさせ、夜は米つき、藁《わら》仕事の合間も惜しんで、楠木正成、児島高徳《たかのり》といった、天皇のために我が身を捧げた英雄の物語を聞かせて、勤皇精神を植え付けたのだった。

❖厳格で気難しい父・百合之助と慈悲深くやさしい母・瀧

この父・百合之助は厳格であり、また気難しくもあった。さらに敬神の心が非常に篤かった。

杉家は団子巌《だんごいわ》（岩）と呼ばれて、萩城下町を一望できる田床山の山腹にあったが、毎日朝早く起きて先祖の霊に新水を汲んで捧げ、戸外に出て西方の藩主がいる萩城を拝した後、東を向いて京都の天子を遥拝した。また日を決めて氏神の椿《つばき》八幡宮に早朝詣でたが、途中で人に出会うと「穢《けが》れた」といって引き返し、衣服・下着を取り換えて出直すほど潔癖性だった。

百合之助は二十三歳の文政九（一八二六）年十二月に、陪臣の村田右中《すけなか》の娘で二十歳の瀧（児玉太兵衛寛備《かんび》の養女として嫁ぐ）と結婚した。瀧は慈悲深く、いつも笑顔を絶やさなかった。人の不孝を黙って見すごしにできない性分で、あえて苦労を買って出た。

瀧が嫁いできたとき、杉家には姑の岸田氏、夫の弟の大助と文之進《ぶんのしん》、さらに妹の留がいて、六人所帯だった。留は嫁いで家を出たが、やがて梅太郎、松陰に続いて千代が生まれた。そこに多くの親戚が転がり込んできたのだ。

まず姑・岸田氏の妹が夫に先立たれて、舅と一児を抱えて困っていると知って放っておけなくなった瀧は、彼らを引き取ることにした。そのとき、姑は中風を患って寝込んでおり、この看病が大変だというのに、それを承知で三人を引き取ったのだ。

しかもその姑の妹まで重い病気になり、半身不随になってしまう。そんな折、瀧自身の姉・大藤氏が未亡人となって娘と二人で暮らしていたのだが、母娘とも伝染病にかかってしまった。

これを知った瀧は黙っておれず、彼女らをも迎え入れて養生させた。

松陰がまさに杉家の美風としていた親族が仲よく暮らしている様、その中心にいたのが瀧であった。

大所帯となった団子巌の杉家は、畳部屋が四部屋あったのだが、それぞれの部屋が小さく合計で十八畳しかなかった。別棟の馬屋、物置まで含めても、たった二十坪（六六平方メートル）の小ささだったのだ。

そこに最大で、何と十三人がひしめき暮らすことになったのである。仕方なく物置を改造して人が住めるようにしたが、寝たきりの二人を抱えているだけに、家はいつもぎゅうぎゅう詰めだった。

そんな窮屈さにも、皆が我慢して不平を言わず、瀧は農作業から馬の世話もしながら、気丈に家政を取り仕切ったのだ。

これも梅太郎が残した『杉瀧子傳（太夫人實成院行状《たいふじんじつじょういんぎょうじょう》）』によれば、「姑に仕えて孝養を尽くす。姑の妹・岸田氏また貧しく杉家に寄食する。年を経て、久しく病んで床に臥す。時に梅太郎五、六歳、松陰三、四歳にして、千代はわずか一、二歳に過ぎず。瀧は三人の子を抱えて、病人に行き届いた看護をなし、汚物の洗濯も意に介せぬ献身ぶりに、姑も泣いて感謝し、近所の者も涙した」

といい、日頃は人を褒めない玉木文之進も「義姉には男もおよばぬ」と感嘆した。

❖百合之助が役職について、やっと貧乏から抜け出す

吉田家に養子に出た大助、玉木家に入った文之進は、独身中は杉家に同居していたが、妻を得ると杉家を出て独立する。その一方、瀧は八面六臂《はちめんろっぴ》の忙しさの中で、梅太郎、松陰、千代に続いて二女・寿《ひさ》、三女・艶《つや》を産んだ。

そして杉家は、その節目となる天保十四（一八四三）年を迎えた。この年まで無役だった百合之助が、ついに四十歳にして百人中間頭兼盗賊改方《とうぞくあらためかた》に取り立てられたのだ。今でいう警察署長である。百人中間頭には二石八斗、盗賊改方にも二石八斗とさ

らに銀百五十目の役料がつく。

こうして、ついに杉家は貧しさから脱出した。しかもこの年、姑の岸田氏が死に、すでに姑の妹も他界していたこともあって、杉家は身軽になった。ただ不幸にも三女・艶が夭折したが、同じタイミングで四女・文《ふみ》が生まれ、杉家にとっては悲喜《ひき》交々《こもごも》の年となった。

百合之助と瀧夫妻の間には三男四女が生まれた。ただし、三女・艶が三歳で亡くなったため、成人した子供は六人である。

その末っ子・敏三郎は、四女・文より二歳年下だが、不運にも耳の聞こえない聾唖《ろうあ》者だった。敏三郎は顔に松陰同様に天然痘による痘痕《あばた》があり、しかも松陰そっくりの面差しをしていた。おとなしく、書もうまく、読書好きだった。

松陰は十五歳年の離れたこの弟を非常に慈しんで、進んで面倒をよく見、可愛がったのだった。

兄は大義を叫ぶ自分を助けてくれた

——狂頑《きょうがん》の弟なほ豪語を為《な》し、友愛の兄強《し》いて放唫《ほうぎん》を助《たす》く。

（『東行前日記《とうこうまえにっき》』）

松陰の活躍は、兄・梅太郎の存在なしにあり得なかっただろう。梅太郎は牢獄で松陰が読む本を探し求め、金の工面もし、松陰を支え続けた。この詩は、再び帰ることのない江戸への旅を前に、兄への惜別を詠んだものである。

兄・梅太郎は、松陰が江戸送りになると聞いた後、毎日、野山獄《のやまごく》を訪れ、夜遅くまでいて、彼を励まし続けた。そこで、こんな詩を詠んだ。

「牢獄の窓越しにいた客（梅太郎）が去って、夜は沈々《ちんちん》とふける。尽きることのない悲愁がまたまた胸を突く。万里の先にある江戸への旅に、傷《いた》むのは父母の気持ち。今僕は三十歳にして、未だ役立てなかった国家安泰を願う。狂人じみたこの弟は、なお自信たっぷりに激語を発し、友愛深い兄はしっかりと、尊皇攘夷の大義を叫ぶこの弟を助けてくれた。『鶺鴒《せきれい》、原にあって兄弟急難あり』の故事を知っていても、私はこの急難をにわかに説明しがたい。だが庭の桜花は散りつくしても兄と弟の絆は変わらず、緑陰の深さはそのまま兄弟の情愛の深さを物語るのだ」

梅太郎は、松陰の二つ上の兄である。

二人が少年だった頃のことを、松陰より二つ年下だった妹・千代は明治四十一（一九〇八）年に次のように語っている。

「家兄・梅太郎と松陰とは、見る者誰もが羨まない者がない程に仲がよかった。出かけるのも一緒で、帰るのも一緒、寝るにも夜具を共にし、食べるにも膳を共にした。たまたま膳が別々に置いてあると、一つ膳に取り直す程であった。影の形に伴う如く、松陰は兄に従い、その命に逆らう事はなかった」

松陰は二十一歳のときに九州に遊学した。このときに一夜、兄・梅太郎と詩を唱ずる夢を見た。

父や妹たちも出てくる楽しい夢だったために、『西遊日記』にくわしく書きとめられている。

「団子巌の旧宅（当時別の所に引っ越していた）で、父・百合之助について勉強をしていたが、夜も更けてこれをやめ、兄と二人で宋の儒者・二程子《にていし》（程兄弟）の詩を一緒に寝ながら唱えると、父の和する声も聞こえてきて、いつの間にか眠ってしまう。すると妹の寿と文、弟の敏三郎の三人が二枚の紙を持ってきて、一枚を父に渡し、残る一枚を梅太郎と松陰に投じた。そこには二程子の詩が書かれていて、父は朗誦して、梅太郎と松陰を呼び起こして『この詩を唱えよ』という。妹らから渡された紙にも同じ詩があった。二人の兄弟は二程子の詩を仲よく声を合わせて唱じた」

長旅でホームシックになった松陰が見た夢は、家族の夢であり、その中心に、まるで一卵性双生児のような梅太郎と松陰がいるのである。

❖兄・梅太郎あっての弟・松陰

梅太郎は父・百合之助、また松下村塾《しょうかそんじゅく》を開いた叔父・文之進から、松陰とまったく同じ教育を受けて成長した。

彼は山鹿流兵学の免許も取り、武術も修めた。また藩校の明倫館では、成績優秀者にのみ許される居寮生にもなった。

真面目で勤勉な梅太郎は、堅実な官吏の道を選ぶ。藩の役人として民政畑を進んだのだ。松陰も兄にあった仕事として、

「長兄に望む所は詩にあらず、文にあらず。急を要し、かつ重要なるものあり。それは農業を教え、よって農事を勧め、民を富ます学問である。急がねばならぬ。謙遜して他人が現われるのを待ってはならない」

と叱咤激励した。

梅太郎は藩内での民政第一人者となり、その功績を認められ、藩主・敬親から「民《みん》治《じ》」の名を賜った。よって明治になって、梅太郎は民治と名を変えた。

梅太郎は松陰の遊学費用の世話から、勉強に打ち込めるよう雑事を自ら買って出るなどして援助した。

松陰もそれに感謝し、梅太郎には何かと気を配った。例えば松陰がアメリカ渡航に失敗した際、江戸にいた梅太郎に心配をかけたくないばかりに、鎌倉にこもって読書をすると嘘をついて下田に向かった。

そして松陰が野山獄に入ると、、梅太郎は親戚知人の間を松陰が読む本探しに飛び回った。

野山獄から自宅幽閉の身となって帰宅した松陰と、まるで子供時代を懐かしむかのように、机を並べて勉強にいそしんだという。

松陰の死後、梅太郎はその顕彰に尽力した。まさに、梅太郎あっての松陰といえるだろう。

涙やまず、寝ても寝られず、文を読み返す

――囲《かこ》ひの内は灯火《ともしび》暗く候へ共、大がい相わかり候まゝ、そもじの心の中《うち》をさっしやり、涙が出てやみかね、夜着《よき》をかむりて臥せり候へ共、如何にも堪《た》へかね、又起きて御文くりかえし見候て、いよいよ涙にむせび、つひに夫《それ》なりに寝入り候へ共、まもなく眼がさめ、よもすがら寝入り申さず、色々なる事思出し申候。

（妹・千代への手紙・安政元年十二月三日付）

幼いときから苦楽を共にした千代は、松陰にとって一番気が許せる妹だった。松陰はアメリカ渡航に失敗して、萩の野山獄に収監されていた一年二カ月の間に、四回（再入獄を含めれば七回）、千代に情愛細やかな手紙を送っている。

松陰はこの手紙で「頼もしや誠の心かようらん文みぬ先に君を思ひて」の歌を書き添えている。

それは千代を思って筆をとり、手紙を書きはじめた夜のことである。千代からの手紙が先に届いたのだ。それは兄・松陰を慕う妹・千代と、妹を思う兄、この二人の誠の心が通じ合ったからであって、実に心強いことだと、松陰が悦んで詠んだ歌だった。それほど、松陰の好物の九年母《くねんぼ》（ミカンの一種）と鰹節《かつおぶし》が添えられていた千代からの手紙は松陰を喜ばせた。

冒頭の手紙は「牢屋の内は灯火が暗くて読みづらかったが、大体のことはわかった。そなたの心の中を思いやると、涙が出てとまらず、寒さをしのぐ夜着をかぶって寝たが、どうしても我慢できず、また起きて手紙を読み返した。すると増々涙があふれ、ついにそのまま寝入ったが、間もなく眼が覚めて、一晩中寝られず、千代との様々な昔のことが思い出された」というものだ。

千代は回顧談で、

「梅太郎は松陰の二歳上、私は松陰の二歳下で、年の隔たりが少なかったため、兄弟姉妹の中で三人は仲がよかった。秋など屋敷続きの山に松茸《まつたけ》が沢山できますので、今日は茸《きのこ》狩りをしようかなどと申しまして、三人でよくその山に参って楽しく遊びました」

と語っている。

この千代は母・瀧の手伝いをして、台所や洗濯、また馬の世話もする、頼りになる少女だった。

父・百合之助が百人中間頭兼盗賊改方になって、城下に住まねばならなくなったとき、十二歳の千代を伴った。千代は母に代わって父の身の回りの世話をし、家事一切を切り回し、雇った中間の昼の弁当までつくって、周囲の人からよく働く娘だと評判を呼んだ。

千代、叔父・文之進に自刃を促す

千代は早くして、母の養家先の児玉祐之と結婚し、二男三女の母となった。彼女は松陰を励まし続け、松陰は千代に子育てや婚家の親への気配りなどアドバイスをした。また千代が和歌・俳句に興味があり、松陰が俳句づくりの指南もしている。

この千代は嫁いでから、実家に来ることはあまりなくなっていたが、因会《ちなみかい》の世話役を買って出た。

因会とは、杉家で開かれた家族会のことである。百合之助が役職を得て実家になかなか帰れなくなったので、家族の絆を絶やさぬため、月に一度、開くことにしたのだ。皆で食事をして親睦を深めることも目的だったが、さすが百合之助の発案らしく、勉強会が主な目的だった。それも女性のためのものである。

松陰は、獄中にあっては教本となるものを選び、杉家に戻ってからは講師を務めた。寿や文の妹たちに、女子としての心得を説き、『烈女伝』などを読み聞かせた。

会には玉木文之進だけでなく、後に寿と結婚した**小田村伊之助《おだむらいのすけ》**、文の夫となった**久坂玄瑞《くさかげんずい》**も、当然ながら因会の一員となり、超豪華な講師陣を擁する勉強会となった。この会を千代は仕切り、杉家を一段と強い絆で結ばせたのである。

千代は女丈夫としても知られる。松陰が死んで十七年後の明治九（一八七六）年に、士族の反乱である**萩の乱***が起きた。このとき、文之進の塾生が多く加わり、文之進が

＊萩の乱　維新政府に不満を抱いた前原一誠《まえばらいっせい》が挙兵したが、政府軍に平定された。

養子としたわが子や梅太郎の息子までもが参戦して死んだ。そして文之進自身がこの乱に肩入れしていたのだ。

時に千代は四十五歳、最愛の兄・松陰を非業にも失って肝が据《す》わっていたのだろう。文之進が自決を千代に打ち明けても、彼女はこれを止めなかった。むしろ、「後顧の念を抱かずに、潔く責任を取るべきです」と叔父に死を促すことまでしたのだ。

文之進が田床山（護国山）の中腹にある玉木家の先祖の墓へと向かうと、千代はこれにつき従った。雨が降る夕暮れどきだった。

千代は墓前での自分の叔父の自害に立ち会ったのである。当然ながら血の海の中に伏す、叔父の遺骸の後始末もしたことであろう。千代は骸《むくろ》となった文之進に、松陰を重ね合わせていたに違いない。

妹よ、心のねじけ直して柔和に子育てを

――阿寿《おひさ》少にて褊癖《へんぺき》の気あり、此の気恐らくは生子の累《わずらい》とならん。然れども今已《すで》に子を抱く、決して前日の如きに至らざらん、温柔寛緩《おんじゅうかんじょ》、以て生子を育くみ、以て他日学を為すの資《もと》と為さんことを。至祈なり。

（兄・梅太郎との往復書簡・安政元年十一月九日～十一日）

寿は天保十（一八三九）年生まれで、松陰より九歳年下の妹。松陰が取り持ち、十五歳で二十五歳の小田村伊之助（後の楫取素彦《かとりもとひこ》）と結婚、翌年に長男・篤太郎が生まれた。松陰はその誕生を喜ぶ詩を送ると共に、寿の子育てに不安を抱いて、思わず忠告もした。

「妹・寿には少しねじけた所があり、この性格が、おそらく生まれた篤太郎に悪い影響を及ぼすだろう。しかしながら、彼女は今すでにわが子を抱いている。きっと今までのようなことにはならないだろう。柔和でおっとりとした気持ちで篤太郎を育て、将来、この子が学問で大成するよう、大いに祈ってやまない」

野山獄にあって、子の親となった寿を気遣う松陰は、一方で甥っ子の誕生を喜んで「侄《おい》篤太の降誕を祝す」の一詩を同時に送った。

「汝《なんじ》の父（**小田村伊之助**）は儒者で、早くから群を抜いて優れている。汝の二人の叔父（松島剛蔵と小倉健作）は皆、文で名がある。汝の一族（松陰を含め玉木文之進ら）は非常に学を好む。汝はこの宿縁のもとに生まれた。近頃、思慮のない俗人が軽々しく才知を競い、平らかな古道にいばらや雑木がはびこる。汝はすでに名を得て篤太と称す。篤太よく真心をもって、この汚れた俗化した世の中を清らかにせよ。吾は聞く、昔の人は胎教を重んじ、生まれ子を才人にさせると。母が胎教に気を使い生まれた汝は、すでに泣くことも見ることもでき、さぞ優れた才を持っているであろう。吾はこの言葉を贈る、汝よく聞くがよい」

松陰は兄・梅太郎に、この詩を寿に一唱してほしいと頼んだ。その希望通り、兄は寿を呼んで弟の詩を聞かせ、また寿に対し、弟が彼女の子育てに不安を感じていることを伝えた。

寿は松陰の言葉に素直に従った。梅太郎は、繰り返し寿にこの祝詩を聞かせて諭したと、松陰に知らせている。

❖松陰の講義を最も好んで聞き、その志を継承した妹

夫・伊之助は、寿に先立たれたとき建立した東京青山墓地の墓誌に、

「あなたの兄・松陰が罪を幕府に着せられて杉家に幽せられたとき、日々親戚の子弟を集め、尊皇攘夷の議を講じた。あなたは松陰の傍らにあって、よくその説を聴いていた」

と書いている。

「阿寿少にて褊癖の気あり」と松陰がいった、この褊癖（ねじけた心）とは、彼女が男っぽい性格で、学問などを好み、良妻賢母にほど遠い女であったことを指していると解釈できる。

寿は、女向け講義の『女誡』『烈女伝』といったものに飽き足らず、松下村塾で男の塾生たちに交じって、しっかりと講義も聞いていたのである。

寿は松陰の妹である三姉妹の内で、最も政治に関心があり、松陰の思想に共鳴する女だったのだ。

寿は松陰の死後、伊之助が長州藩内の抗争で、守旧派の俗論党政権に野山獄に投ぜられると、握り飯の中に手紙を忍ばせ、尊皇攘夷の正義派の活動を伝えた。また刃物禁止の獄に、爪切りや髭《ひげ》を整えるのに使わせるため、小さな鋏《はさみ》を、これも握り飯に埋め込んで差し入れた。

さらに夜中、篤太郎とその四歳年下に生まれた久米次郎の手を引き、妹・文を伴って野山獄の表門前に立ち、七歳になる久米次郎を抱き上げ、

「ここは叔父さん（松陰）が囚われていた場所。今、そこに父上がおられるのよ」

と教えた。

伊之助は明治の代になると、楫取素彦と改名して群馬県令（現在の知事）になった。寿はよく夫を助けた。また寿は浄土真宗本願寺派（西本願寺）を深く信仰して、荒廃した民衆の精神の教化に一身を捧げ、信仰の灯火が関東の地に広がるように心血を注

いだ。

この後、群馬は養蚕王国として発展する。

素彦は、これを県の基幹産業にすることに全力を注いだ。そして、絹製品の輸出を地元の力で成し遂げようとした。このために新井領一郎《あらいりよういちろう》なる人物が重大な責任を負って渡米することになる。

素彦を表敬訪問した領一郎に、寿は長さ三十五センチの鞘に金細工を施した漆塗りの短刀を贈った。

そのときに、こう述べたという。

「この短刀は、兄・松陰の形見です。アメリカ渡航を果たせなかった兄の無念を今でも思いますが、あなたがこれを持って太平洋を越えてくだされば、きっと兄の魂も安らぐに違いありません」

一番大切な宝物を、夫を思い、群馬県の絹産業の発展のために、寿は捧げたのである。

玄瑞は防長一流の人、妹の稚劣は明らか

――久坂玄瑞は防長年少第一流の人物にして、固《もと》より亦《また》天下の英才なり。今少妹《しょうまい》の稺劣《ちれつ》なる、其の耦《ぐう》に非ざるや審《つまび》らかなり。然れども人は自ら厲《はげ》まざるを憂ふ、自ら勵《はげ》み自ら勤めば何すれぞ成らざらん。

（丁巳幽室文稿「文《ふみ》妹久坂氏に適《とつ》くに贈る言」）

松陰の妹、三姉妹のうち一番下の妹・文は、天保十四（一八四三）年二月一日の生まれ。文は松陰より十三歳も年が離れており、十五歳のときに十八歳の久坂玄瑞と結婚した。玄瑞は孤児だったために、杉家に同居することとなった。

文が生まれたときに「この子は賢そうな顔をしている。文（学問）をよくする女の子になれ」と、叔父の文之進自身が、自らの名の一字「文」を与えて命名した。松陰は、自分の弟妹の中でも文と、その下に生まれた耳の聞こえない敏三郎をとくに可愛がった。

野山獄暮らしがすでに一年以上すぎた松陰が、母・瀧に送った手紙（安政二年十一月三日付）にも、

「お文は定めて成人になって、仕事も追々に覚えたことでしょう。その合間々々に手習いなどに精を出させるようにしてください」

とわざわざ書いて、文に教養を身につけさせてほしいと母に頼んでいる。

松陰は、上の妹・寿と同様に、文の結婚相手を自ら探した。**桂小五郎**がどうかとの話もあったのだが、結局、松陰は**久坂玄瑞**を選んだ。

ところが当初、玄瑞はこの話に困惑した。文は顔が松陰に似ていたといわれている。器量が今一つだったことから、断ろうとしたのだ。

これに対し、この縁談を仲立ちした、松陰の友でかつ松陰を師と仰ぐ**中谷正亮**《なかたにしょうすけ》が、玄瑞に対し「君に似合わぬことをいう。男たる者、妻を娶《めと》るのに容色をもって選ぶの

か」と詰め寄ったので、玄瑞が渋々承諾したという話が伝わっている。

かくて安政四（一八五七）年十二月五日、結納も嫁迎えの礼も目出度《めでた》く済み、父母、また叔父叔母から祝いの言葉をもらう。そこで松陰は嫁ぐ妹・文に、冒頭に掲げた激励と戒めの言葉を贈ったのだった。

❖玄瑞と文、夫婦の絆を強めた往復書簡

「久坂玄瑞は、防長二国の毛利藩における若者のうちで第一流の人物であり、もとより天下の英才である。お前はまだ幼く、見劣りがして、配偶者として彼に釣り合わないことは明らかだ。だが、人の憂えるべきは、自ら励まないことである。自ら励み、自ら勤めるならば、妻としてできないことは何もない」

こういって、嫁ぐ妹を励ましたのだ。そして、さらに続く長文で、およそこのような事を述べている。

「婦道とは、決して難しいことではない。憂えるべきは、それをやらないことである。吾はかつて、文のために曹大家《そうたいこ》の『女誡』専心編を講じた。文はすべからく怠っては

ならない。幼い文が天下の英才の妻として進む道はこの外にない」

『女誡』専心編とは、妻はただ一筋（専心）に夫の事だけを思い、礼儀正しく、乱れがましいことをせず、外出のときは飾らず、家にあっては髪形を整え、誠を尽くすことを求めたものである。夫に思われるのが妻の至上の幸福だとし、このためには舅姑にもよく仕え、夫に先立たれた場合は、貞操を守って二夫に見《まみ》えてはならない。

松陰は、そう文ら妹たちに説き、これを守るように「適《とつ》くに贈る言」で求めたのだった。

玄瑞は結婚した後、杉家に同居するが、すぐに遊学のために江戸に向かった。松陰の死後も、松陰の志をついで国事に奔走したので、江戸・京都にいることが多く、二人の夫婦の時間は極めて少なかった。だが、夫婦の絆を手紙が結んだ。

結婚期間はわずか七年。二十五歳の若さで玄瑞は**禁門の変**＊（**蛤御門の変**《はまぐりごもん》）で自刃し、二人の縁《えにし》はあまりに短かった。この間に玄瑞が文に送った手紙は二十一通。文が出した手紙は、玄瑞の文面から見て、この三、四倍あったと推測されるのだが、残念なが

＊禁門の変（蛤御門の変）元治元（一八六四）年、京を追われた長州藩が復権をめざし、会津・薩摩などと蛤御門周辺で戦い敗れた事件。

ら一通も残っていない。

その玄瑞の手紙だが、はじめは時候の挨拶や家族の消息を尋ねる、何ということもない手紙であった。しかし、だんだん二人の心が通い合ってくる様子が手紙から伝わってくる。

例えば、彼女が心を込めて縫ってくれた着物に感謝して、「これは何よりの宝物」といって、大事に着るのでそんなに送ってくれなくてもよいと、妻を労《いたわ》ってやる。また両親・兄を亡くして孤児だった玄瑞は、常に墓参を怠らなかったが、文がそれを代わりにやってくれていることに、深い感謝を示す。

このように、手紙は次第に内容の濃いものとなっていく。

勤皇の志士の妻として和歌の心得を身につけてほしいと玄瑞が頼むと、文はそれにこたえて懸命に歌をつくって手紙につけて送るようになり、玄瑞はこれに非常に感激する。さらに自分が行なっている政治活動の事をも知らせ、攘夷への想いなど心情を発露もする。

こうして夫婦愛を育んだが、玄瑞は尊皇攘夷の志に倒れる。

文は残された手紙を繰り返し読むことで、玄瑞のことを絶えず思い続けたのだった。

軍艦で卓論あれば端くれでもお聞かせを

――若し軍艦事に付き御卓論在らせられ候はば、何卒《なにとぞ》餘緒《よしょ》承りまほしく候《そうろう》。

（叔父・玉木文之進への手紙・安政元年十二月十八日付）

父の弟・玉木文之進は松陰の幼き頃からの師である。松下村塾を立ち上げ、松陰もここで学んだ。生涯、松陰は文之進を頼りにし、また尊敬して、国事の報告や諸々の相談をしていた。

松陰の育ての親といえる文之進は、名を正韞《まさかね》といい、松陰が生まれたとき、杉家に同居していた。やがて結婚して独立し、杉家から三百メートルほど山道を下った自宅で松下村塾を開いて、松陰は兄・梅太郎とここに通うようになった。あるときは、昼だけでなく夜も通って、松陰は文之進の教えを受け続けた。

その教えはいたって厳しいものであった。

松陰の本を読む姿勢が悪いといっては竹鞭で殴られ、時には庭に放り投げられることさえあった。松陰が文之進宅に寄宿したときは、背中に机を縛り付けられ、夜の戸外に立たされるという厳しいお仕置きも受けている。

千代の回顧談によれば、教育に対して厳しいのは文之進だけでなく父・百合之助も同様だったという。

「三尺の童子に対するものと思はれざること屢々《しばしば》」とあり、「母の如き側に在りて流石《さすが》に女心に之れを見るに忍びず、早く座を立ち退かば、かかる憂き目に遇わざるものを、何故寅次郎は躊躇するにや」と、いたたまれない母・瀧の様子を伝えている。

だが、どんなときも松陰は逃げなかった。

きわめて柔順で言いつけにはいつも従ったが、「外柔なる松陰は、内はなかなか剛なりき」と、松陰は芯のきわめて強い人物だったと千代は振り返っている。

「勤倹は百合之助に過ぎ、剛直は大助を超ゆ」（『玉木正韞先生傳』）とされる文之進に、松陰は食らいついていく。

文之進のスパルタ教育は、大助が病没して山鹿流兵学の吉田家を六歳で相続した松陰を、何とか一人前にしてやりたいと思う一心からだったのだ。

松陰はもちろん大助の門弟たちの薫陶を受けるが、少年時代、兵学においてもその感化を最も文之進から受けた。

松陰が十一歳のとき、藩主・敬親の前で、『武教全書』戦法篇を講じた。松陰の見事な講義に驚いた藩主はその師を尋ね、これが文之進だと知ると、やがて藩学の都講（先生）に文之進を起用した。

時を経て、松陰がアメリカ渡航に失敗し野山獄に入った直後、異船防禦手当掛りに命じられ、黒船が来た浦賀に防備に出向き、代官を務めることになる。

❖松陰の再入牢に抵抗した叔父・文之進

冒頭の手紙は、文之進がその警備のために出発する直前に、松陰が野山獄から出した手紙である。

沿岸警備にあたるのに、日本にはそのための一隻の軍艦もないのをあなたはどう思うかと尋ねたものである。

「ワシントン、ロシアとすでに和睦の上はそんな手当はいらないと、天下の人々は思っているが、自分はそうは思わない。野蛮な外敵は信用ならぬということは、昔から明らかである。今、国家の無策に臨んで、何卒折衝し敵の襲来を防ぐ対策を立てねばならぬと思っている。もし軍艦のことについて、すぐれた論があるならば、余った端くれの論でよろしいですから、どうかお聞かせください」

牢獄にあって、何もできぬ空しさの中にいた松陰は、関東に向かう叔父に、期待を込めてこの手紙を書いた。

松陰は、父と兄とこの叔父の三人を自分が最も頼れる身内として、忌憚《きたん》ない意見を述べていた。

旅にあっては旅先から、獄にあっては獄中から、何でも相談していたし、後に詳細に述べる遺書も、この三人（連名）に宛てたものである。

文之進は安政五年（一八五八＝松陰死の前年）、自宅にいた松陰を、藩政府が幕府を気にして野山獄に投じようとしたとき、憤然と藩に怒りをぶつけた。

「松陰果たして罪あれば、獄に投げること固より可なり。だが彼は忠孝の士なり。決して父兄の命を聴かぬ者にあらず。しかも今すでに父の家に幽せられる。言論は激しすぎることあるも、心は実に他なきものなり。ただ藩政府、もし父兄が義理に通ぜず、子弟を戒めることを知らぬならば、僕は請う、官を罷《や》めて松陰と共に議論研究して、益々善をすすめ悪を諫めて主君を助けるべし」

そして、文之進は自分は病気であると称し、役職を外れようとした。

この抵抗により、一時松陰の入牢は見送られることになったが、結局、回避することはできなかった。

このように、文之進は松陰のよき理解者であり、生涯寄り添い歩んだ叔父であった。

象山は豪傑、卓絶した才能の人なり

——真田侯藩中佐久間修理と申す人頗《すこぶ》る豪傑卓異の人に御座《ござ》候。

（叔父・玉木文之進への手紙・嘉永四年十月二十三日付）

松陰が生涯の師として尊敬したのは、真田氏の信州松代藩士・佐久間象山《さくましょうざん》だった。アメリカ密航を支援して、象山も獄舎に繋がれたが、終始、松陰をかばい、その才能を愛した。高杉晋作、久坂玄瑞も慕って、蟄居《ちっきょ》中の象山を訪れ、大いに影響を受けた。

二十二歳で江戸に遊学した松陰は、兵学の師を求めたが、滞在二カ月後に兄・梅太郎に宛てた手紙（嘉永四年六月二日付）で、「江戸にいる兵学者と申すは噂ほどではない」と落胆している。

というのも、家学である山鹿流宗家の**山鹿素水**《やまがそすい》に期待していたのだが、黒船来航に直面しても、船は和戦、銃は和銃、陣法は和陣法と、一図に凝り固まる彼の兵学にあきれ、「素水が不学無術の佞人《ねいじん》たる」（叔父・文之進宛手紙・嘉永六年九月十日付）と断罪して絶縁した。当初は師事していた儒学者の**安積艮斎**《あさかごんさい》*に対しても「俗儒、僕は甚だこれを軽蔑し、絶えてその門に入らず」（兄・梅太郎宛・同月十四日付）と切り捨てたのだ。

そして出会ったのが、**佐久間象山**だった。

冒頭の叔父・文之進への手紙で「非常に豪傑で卓越した才能の持ち主」と賛美し、艮斎を批判した兄・梅太郎への同じ手紙で、「象山は当今の豪傑、都下で一人。社会の不正・不義を怒る気骨があり、学問あり、見識あり」とし、「砲術家の真に西洋砲

*安積艮斎　江戸後期の儒学者。佐藤一斎に学び、詩文に長じた。

を明らかにできる志ある人」と惚れ込んでいる様子を記している。

象山は各藩から依頼された大砲をつくり、砲術訓練をする一方で、江戸木挽町《こびきちょう》に居を構えて「砲術教授」の看板を掲げ、弟子を募った。ここに**小林虎三郎、勝海舟、橋本左内《さない》、河井継之助《つぐのすけ》、山本覚馬《かくま》**らが学び、松陰もその門弟となったのだった。

象山は江戸湾の海洋防備のお粗末さを指摘した。そして、今の貧弱な砲台では敵艦の侵入を防げないこと、三浦半島や房総に諸藩選りすぐりの兵を配備し、品川に江戸直接防禦の大型砲を多数配備し、さらには軍艦での防衛をすべきであると主張して、海軍の創設を訴えた。

講義では、砲術する者に経学を学ばせ、経学を学ぶ者にも砲術を教えた。松陰は、このときの経験が非常に印象深かったと見え、

「漢学と蘭学を一日に半分ずつ勉強することを教わり、学問で最も忌み嫌うのは、やったりやらなかったりすることだといわれた。耳の奥底に残ったこの象山の言葉が今に至るまで思い出される」（『講孟劄記』）

と述べている。また時事問題を語る象山の言葉が、どの人物よりも勝っていたので、松陰はすっかり魅了された。

❖外国渡航を松陰に勧めた師・象山

　ペリーの黒船が来たのが、松陰が象山の弟子となって二年後のことだった。

　その頃、幕府がオランダに軍艦の建造を頼んだことを知った象山は、勘定奉行の**川路聖謨**《かわじとしあきら》と諮《はか》って、数十人の優れた人物を選び、海外に行かせ操船技術を学ばせ、また西洋をつぶさに視察させることを建白した。このとき、象山は松陰を派遣することを考えていたが、結局、この建白は却下された。しかし、「外国へ渡ろうと志を抱いたのは、このときが最初だった」と『幽囚録』で松陰は記している。

　松陰はどうしても渡海したいと考え、象山に相談し、賛同を得た。ペリーの黒船は去り、ロシアのプチャーチン率いる軍艦が長崎にやって来た。これに乗せてもらおうと考えた松陰は、長崎に旅立つ。このとき、象山は餞別《せんべつ》四両と送別の詩を松陰に贈った。詩の大意はこのようなものである。

「松陰は気骨あって、久しく右往左往する世の中を嫌い、決心して万里の旅に発とうとしている。日本を取り巻く大海は茫々《ぼうぼう》として広く、五州（世界）は隣り合っている。

めぐり歩いて形勢を究めれば、一見は百聞を超える。智者は機会を捕えるのが重要だ。帰国は三年後になろう。人並み外れた功を立てなければ、死後、誰が尊敬してくれようか」

だが松陰が長崎に着いてみると、ロシア艦隊はすでに離岸した後であった。そしてペリーが翌年に再来航し、日米和親条約が結ばれた。

その黒船が下田に停泊していることを知った松陰は、金子《かねこ》重之助《しげのすけ》と小舟でこれに近づき、乗船して渡航させてくれるよう願った。ペリーはその志に感銘しながらも、和親条約を結んだばかりの幕府を裏切ることはできないとして、乗船を拒んで、二人を送り返させたのだった。

捕まった松陰の袋包みから、象山が餞別に贈った詩が見つかってしまった。松陰は、渡航を願ったのは自分の独断であり象山は関係がないと主張したが、この詩を何よりの証拠と考えた幕府はこの主張を信じず、象山を逮捕した。象山自身も、自分の指示であると主張して、松陰をかばった。

『講孟劄記』では、「私がアメリカへ行こうと欲すると、わが師・象山は『この任は、深く忠義の志を心に蓄えており、国の恩義を知る者でなければ、必ず大害を生ずる。

そなたはこの任にうってつけである』といってくれた。また取り調べにあっても役人にしばしばこう述べて、私を弁護してくれた」と記して、象山に感謝している。

国禁を犯した師弟は、本来なら終身禁固もしくは死罪が相当だった。しかし象山の友だった川路聖謨が「これは憂国の至誠から出たこと。国家多事の今、象山・松陰のような俊傑を失うは天下の一大損失」と、老中の**阿倍正弘**《まさひろ》を説得したので、在所表での蟄居という軽い判決に落ち着いた。時に松陰二十五歳、象山は四十四歳であった。

❖獄中で師・象山を思いやる松陰

象山と松陰はお白洲で一緒になることはあったが、「官吏たちが座に満ちて言葉を発することは許されず、最後は一礼して別れた。今、信州松代と長門萩、その隔てること三百里、獄中で鶴や雁の鳴く声を聞くごとに、師を思いやるせなくなる」(「象山平先生に與ふる書」)と述べ、獄中で書いた『幽囚録』を、人を頼って届けさせた。密かにこれを受け取った象山は、この書に添削を施したといわれる。

また、松陰は師を慕ういくつかの詩を詠んでいる。

「われは牢獄の苦しみを忘れ、国家の図を描ける人が出るかどうかを憂える」にはじまる詩は後半、次のように綴る。

「獄中で死ぬことを惜しみはしない。このところ多くの書物を読む。象山先生が蟄居する信州に通じる中山道《なかせんどう》はいずこにありや。遥かに遠く手紙の行き来もない。学問の海は茫洋《ぼうよう》として広く、頼みとする師を失った船は、その行き着くべき場所を知らない」

松陰は、常に象山を案じ続けた。そして武蔵野の露と松陰が消えた後も、象山の蟄居は解けなかった。

松陰から紹介状をもらっていた**高杉晋作**は、密かに蟄居の家を訪れて、象山の器量に感服する。長州藩が世子を中心に象山の赦免運動を行なう中、**久坂玄瑞**もまた象山を訪れ、長州に師として招聘《しょうへい》しようとした。象山は攘夷開国派で幕府を重視した。倒幕攘夷の玄瑞と相いれなかったが、西洋兵学の象山の主張に魅了された。玄瑞は象山に招聘は断られたが、その対面から学ぶことは多く、長州が**伊藤博文**らを英国に留学させたのも、玄瑞が象山から学んだ成果の一つだった。

象山はやがて幕府の期待を担って、許されて京都に出るが、彼の主張を嫌う、時代を読めぬ跳ね上がりの尊攘志士によって暗殺されたのだった。

天下の英才はきっと僕の元から育つ

——天下の英才を育《いく》するは必ず鯫生《そうせい》より起る。

（丁巳幽室文稿「松浦松洞《しょうどう》〔無窮〕に與ふ」）

松下村塾で松陰が教えた期間は短いものだった。杉家幽室に来た高洲《たかす》滝之允《たきのじょう》を初塾生として迎えた安政三（一八五六）年三月から、同五年十二月、再び野山獄に投ぜられるまでの、わずか二年九カ月にすぎなかった。その間の塾生数は九十二人であったとされる。

安政四（一八五七）年十一月五日、松陰の父・百合之助と、当時松下村塾を主宰していた外叔の久保五郎左衛門の二人は、相談して杉家母屋から十五メートルほど離れた畑にある物置を改造して、八畳一室の塾舎を建てた。松陰はここに引っ越し、寝起きもして、塾生を指導した。

それが、今も残る松下村塾（国指定史跡）の建物である。その塾舎落成直後の高揚感の中で書かれた**松浦松洞**《しょうどう》*（後に松陰の肖像画を描いた塾生）に与えた書は、「天下の英才は必ずわが元より育つ」と、強い自信にあふれている。

松陰はまた、松下村塾の壁に書きとめた詩（戊午幽室文稿「附録」）で、「**松下陋村**《ろうそん》**と雖**《いえど》**も、誓って神国の幹とならん（松本村は小さな村だが、必ずやこの日本国の根幹となろう）**」と、ここでも教育者としての自負を高らかに宣言している。

その松陰は、背丈はそう高くなく、細身の体型だった。塾生の思い出話を総合すると、塾生に親切で、誰に対してもあっさりと接し、言葉遣いは丁寧だった。年長《た》けた者には大抵「あなた」といい、年少者には「お前」などといっていた。年少の者には松陰手ずから風呂敷包みを背負わせてやり、玄関まで送ってきた。また、誰も松陰が怒っているところを見たことがないという。

松陰の講説はあまり流暢《りゅうちょう》ではなく、常に脇差しを手から離さず、これを膝に横たえて両手で脇差しの両端を押さえ、肩をいからせて講説していた。彼は塾生の間を動き回り、一人ひとりのそばに来て教えたので、入門者がはじめて訪れた際、誰が先生なのかわからなかったそうだ。

塾舎に寝起きしていた松陰は、粗食で一汁一菜、沢庵をよく食べていた。睡眠はいたって短く、門人たちに授ける書を書く内に、疲労から眠ってしまうことも少なくなかった。机に伏して一睡し、目が覚めるとまた書きはじめるということもしばしばだった。教科書は、それぞれの塾生に合わせて松陰が選んでやった。塾にあったものを借りる場合も多く、松陰が一度読んで、塾生が読む。塾生が読めないときは、また松陰に読んでもらうといった授業で、必ず抜き書きをやらされた。

また村塾の周囲は畑だったので、草むしりを塾生にもやらせて、塾生は手を動かしながら読書の方法や歴史の話を聞いた。それは、松陰が父から田畑で教育を受けた昔

＊松浦松洞　魚屋の子。今に残る松陰の肖像画を描いた。長井雅楽の暗殺に失敗して自刃。松下村塾生で最初の犠牲者になった。

の光景を彷彿とさせる。

野村和作（入江杉蔵の弟・明治期に大臣を歴任）は、十六歳で松下村塾に入ったが、そのときの思い出を、

「入門しやうと思って出かけたときである。其時《そのとき》先生は謹慎中であったから袴をはく事ができないから、着流しに小刀を腰に、二三の門弟と共に裏の畑に出て、大根の葉を採って居られた。小男の痩せた赤あばたのある余り風采の揭《あが》った方とは思はれなかった。ただし其爛々《らんらん》たる眼光は直に人の肺腑《はいふ》を貫くと云ふ概《おもむき》があった」

と語っている。

また入門を乞う者が、松陰に「謹んでご教授をお願いします」というと、「教授なんぞはできないが、一緒に研究しましょう」というのが常であった。

松陰は、歴史を読むには「自ら歴史中の人物にならねばいかぬ」といい、楠木氏を読めば正成の心持ちに、天皇を裏切った足利尊氏は忌むべきだが、その境遇、その位置に己の身を置かなければ、その心を練ることができないと戒めた。そして、塾内にたった一人の少年しかいないときでも、楠木正成が討ち死にする場面を読むときは、頬に涙を流しながら読んでいたという。

常に全力投球の松陰の姿が、そこにはあったのだ。

八畳一室の松下村塾は手狭だったので、増築することになった。このときに、師弟一体となって建物づくりをした。

品川弥二郎《やじろう》が梯子《はしご》に登って、塾の上層部の壁を塗っていたときのことである。松陰が土を下から差し出すのをうっかり受け損じ、その土が松陰の顔を直撃してしまった。塾生一同はそれを見て顔色を変えた。弥二郎は泣かんばかりに謝る。すると、松陰は平然として「弥二、将来とも師匠の顔に泥だけは塗るなよ」といって、ニッコリ笑ったという。日頃は冗談などいわない松陰だったが、そんなユーモアで相手を傷つけない気遣いをする、やさしい一面があったのである。

松陰は厳冬のときも、襦袢・羽織しか着なかった。逆に夏は裸にはならなかった。それはいざというときに際し、寒暑に体を慣らしておくためだった。

◆象山を真似て、軍事訓練もやる

松下村塾の特徴の一つに、軍事訓練があった。象山が経学を学ぶ門弟に砲術を教えたように、これを真似てであろう、武術の訓練も行なったのである。

塾生には武士や足軽の子だけでなく、医者、僧侶、商人、農民などの子もいた。本来なら学問だけでこと足りる。だが、松陰はあえて彼らにも武術を教え、軍事訓練もやらせた。

渡邊蒿蔵《わたなべこうぞう》談話に「先生は諸生を率ゐて、家の傍又河原などに整列せしめ、竹片を銃の代りにして操銃法を習はしむ。この時は先生自ら之を号令す。小畑（海沿いの萩の地名）辺まで往きて演習するときは、先生は謹慎の身なる故往かず」とある。

塾生出身たちが松陰亡き後、戦いに身を置き、多くが死んでいったのは、松陰が学問を志した者たちに、武術も教えていたことが大いに影響したといえるのだ。

松陰は、夜も塾を開いていた。親に内緒で家を抜け出して通ってきた高杉晋作は夜の生徒だった。また、一日に二度来る者もいた。塾には決まった日程表はなく、数人で一つの授業を受けることもあったが、多くはマンツーマン、松陰と塾生の一対一の授業だった。

松陰は「諸生に示す」（戊午幽室文稿・六月二十三日付）で、

「**村塾は礼法を緩やかにし、規則をおおまかにするが、これは鳥獣や野蛮人を学ぶた**

めではない。老子・壮子など賢人を慕うこともしない。ただ今の世の礼法は乱れ、嘘偽りが多く、人情が薄くなっているが、誠意と親切をもってこれを正すことを欲するのみである。諸生はこの道に従い相交わるがよい」

と促した。塾風はまさに自由で、勉強内容も形にはまらず、しかも松陰は塾生一人ひとりの性格を見抜き、短所を見ることなく、長所を引き出して、これを伸ばす教育をしたのだった。

松陰は、自分が松下村塾でいつまで教えられるのか、漠然とした不安を抱いていたようだ。そこで一期一会の真剣な師弟関係を築いていった。

松陰は、遊学などで塾を去る者がいたときは、必ず送別の辞を贈っている。それはただ上辺だけの言葉の羅列ではない。本人の性格を見抜き、長所を褒め、混迷する時勢に立ち向かうその志の有り様を、選りすぐった言葉で綴ったものだった。

塾生は、松陰からもらったその送別の言葉を大事にして、未来に立ち向かう心の柱とし、それが維新回天の大きなエネルギーの元となったのだ。

天下の諸士と交わり大変革の道理を示せ

――實甫《じつほ》の行、皇京に過《よぎ》り、江戸を観れば、其れ必ず偏《あまね》く天下の英雄豪傑倜儻《てきとう》の士を見ん。往きて與《とも》に此の義を討論し、以てこれを至当に帰し、返りて一国の公是を定むるは、誠に願ふ所なり。

（戊午幽室文稿「久坂玄瑞〔日下《くさか》実甫〕の東行を送る序」）

久坂玄瑞は、松陰から長州藩の少年第一流と評された人物である。松陰の妹・文と結婚して、松陰の義弟となった。松陰在世中は京・江戸にあって、松陰の目となって情報を送り、松陰亡き後はその志を継いで草莽の志士を結集し、尊王攘夷の先頭に立ち、志半ばで倒れた。

「**久坂玄瑞**の東行を送る序」は「**わが妹婿・玄瑞は年末だ二十歳にならないが、志に燃え、意気込みも盛んなのは、才知にあふれているからだ**」と、自慢の弟を誇らかに讃えることからはじまる。そして冒頭の一文はその「送る序」の後半部分で、「**玄瑞の行きて、京都を経て江戸を観れば、必ずやあまねく天下の英雄・豪傑・才知の士に出会おう。そこで世の大変革を討論し、最も正しい道理を導き出し、帰って長州藩の指針を定めることを、僕は願っている。もしそれができないなら、僕が第一流の人物として推してきたことは、僕個人の言葉となり、天下の士に対して大いに恥ずべきことになってしまう。玄瑞よ行け。これを贈る言葉とする**」

松陰の期待の星、玄瑞は不幸の中で成長した。代々医者で微禄の家に生まれた玄瑞だったが、十四歳で母を失った。さらに翌年、兄の玄機《げんき》と父・良迪《りょうてき》を失い、十五歳で天涯孤独の孤児となった。彼は墓を掃除し、線香と花を墓前に添えて悲しみに泣き、墓を離れぬ日々を送った。

玄瑞と年が二十歳も離れていた兄・玄機は大坂にあった**緒方洪庵**《おがたこうあん》の適塾で蘭学を学び、長崎に遊学して才知を磨き、長州藩一の蘭学者と呼ばれた逸材であった。種痘を実施した医師であったと共に、砲術や兵制の書物も翻訳し、しかも尊皇の志が強く、僧・月性《げっしょう》など、多くの優れた友人を得ていた。玄瑞はその兄の影響を強く受け、しかも兄亡き後、その兄の友人たちの支援を受けて成長し、その秀才ぶりは萩城下の評判になった。彼は形の上では家業の藩医を継いだのだが、医者は丸坊主と定められていたために、結婚し、京・江戸で活躍してからも、坊主頭であった。

玄瑞は肉親のすべてを失ったとき、「家業の医者は人の体を直すが、我は天下を医する者とならん」と固く心に誓い、松陰の松下村塾に気負って入門を志願した。だが、当初、松陰は玄瑞につれなかった。玄瑞は議論好きで、理想に興奮して、現実を直視しない、そんな青臭い若者だったからだ。

❖入門前に玄瑞、松陰を呼び捨てにして激論を戦わす

二十七歳の松陰に激烈な手紙を書いた玄瑞は十七歳だった。「皇国の士風は退廃し、洋夷《ようい》（西洋人）がのさばり通商を乞う。幕府は応じる気配だがとんでもない。元寇《げんこう》の際、北条時宗は断固、元の使いを斬った。米使は斬って捨てるべきだ」と主張していた。松陰は、その青臭い論理の中にきらりと光る青年の覇気を感じ取る。だが、わざ

とこれを突っぱねた。「世の不義不正を意気盛んに訴えるように装って名利を求める輩《やから》と少しも変わらない。僕はこの種の文を嫌い、最もこの種の人を憎む」といい、「聖賢が尊ぶのは議論ではなく実行である。つまらぬ他言を費やすより、至誠を積み蓄えることだ」と退けた。玄瑞は激情し、「松陰の罵詈《ばり》・虚言・不遜の何と甚だしいことぞ。松陰は豪傑だと思ったのは間違いだった」と、松陰を呼び捨てにして反駁《はんばく》した。

二人の手紙は三往復し、ついに根負けした松陰が「あなたが言葉通りの人なら、米使斬りを断固実行してほしい」と折れた。一方の玄瑞も、この応酬から松陰の高い資質を感じ取り、怒りの矛を収めた。以降、玄瑞は実行を旨とするようになるが、同志の暴走を阻止し、熟慮して慎重に事を運ぶようになる。

玄瑞は、松陰の後継者として、長州藩の藩論を、公武合体から尊皇攘夷に転換させた。また藩の枠を取り払い、諸藩の草莽の志士たちを糾合し、**三条実美**《さんじょうさねとみ》ら若い公家と組み、攘夷を幕府に迫り、天皇を大和行幸に引っ張り出し、倒幕の議を図ろうとするなど、目覚ましい活躍をした。しかしその過激さゆえに、公武合体派のクーデターに遭い、七卿は朝廷を追われ、長州藩もまた京都から追放される。これを覆す禁門の変の戦いに敗れ、玄瑞は二十五歳で自刃した。その屍《しかばね》を塾生たちは乗り越えて行くのだ。

貴殿と交わるは報国の大計を建てるため

――僕、足下《そつか》と交を納《い》るるは、徒《ただ》に読書稽古の為めのみに非ず、固より将《まさ》に報国の大計を建てんとすればなり。

（戊午幽室文稿「高杉晋作〔暢夫〕に與ふ」）

動けば雷電のごとく――八方破れの思想と行動力で、高杉晋作は脱兎のごとく、混迷の幕末を駆け抜け、久坂玄瑞同様、新しい時代の灯《あか》りをともした。彼は名実共に松下村塾の英才であり、将来の大器と見込んだ松陰の慧眼はさすがである。

「僕が貴殿と交際するのは、ただ読書して物の道理を学ぶためだけではない。国恩に報いる大計を建てるためである」。これは、**高杉晋作**の資質を見抜き、松下村塾に入ったばかりの晋作に惚れ込んだ松陰の言葉である。この言葉からは、晋作を塾生というよりも、むしろ同志と思う、松陰の気持ちが読み取れる。

晋作が松陰の前に姿を見せたのは、**久坂玄瑞**より一年遅く、村塾の塾舎ができる少し前の安政四（一八五七）年九月ごろであった。晋作は、型にはまった明倫館の授業に飽き足らず、松陰を罪人として嫌う父・小忠太（禄高百五十石）に内緒で、夜中にこっそり家を抜け出し、約三キロの道のりを、塾に通ってきたのである。

松陰は玄瑞と、玄瑞より一つ年上の晋作に大いに期待し、二人を競わせた。翌年、玄瑞に後れること五カ月、晋作も江戸に向かう。このとき、松陰はこう述べた。

「僕はかつて、玄瑞を第一流と称した。そして晋作を得た。晋作は有識の士だが、学問はまだ未熟で、しかもいささか自分の意にまかせて勝手に振る舞う癖があった。そこで僕は玄瑞を取り立て、晋作を抑えさせた。晋作はこれに不満だったようだが、晋作の学業がにわかに進歩し、議論もますます優れ、皆もそれを認めるようになった。そこで玄瑞も『晋作の見識にはかなわない』と晋作を推すようになり、晋作は晋作で玄瑞の才知を認め、他に比類ないと褒め、二人は仲よくなった。僕はそばで二人を見ていて感じたのだ。**『玄瑞の才は気にもとづくものであり、晋作の識は気から発したものである。二人がお互いに学び合うならば、もう心配することはない』と。晋作よ、天下にもとより才ある者は多い。だが唯一つ、玄瑞の才だけは失ってはならない」**

二人が競って江戸で才を磨き、友情を育みつつ、そろって国の大義に生きてほしいと松陰は切望した。そして二人は松陰の期待通り、松下村塾の龍虎に成長した。

玄瑞が直球勝負の突撃型であるのに対し、晋作は頑固で強引な性格だが、慎重にことを見定めて行動する側面もあった。これに気づいた松陰は、**桂小五郎**に対し、「晋作は十年後にこそ、大をなす人間である」といっている。

❖「晋作よ、大業をなす見込みがあればいつまでも生きよ」

松陰は刑死する三カ月前、伝馬町の牢から晋作に、手紙でこう励ました。

「僕は死の一字について、一段と進んだ発明をした。死は好むべきものではないが、また憎むべきものでもない。道が尽きて、心が安んじられたら、そこが即ち死所であ

る。世に体は生きていても、心が死んでいる者がいる。反対に、身は滅びたが魂が生きている者もいる。心が死んでいては生きていても仕方がない。魂があれば、滅んでも損はしない。また一種非常に才略のある人が、恥を忍んで事をなすは妙。また一種私欲がなく、私心のない者が生きようとするのを妨げはしない。死して不朽の見込みがあれば、いつでも死ぬがよい。生きて大業の見込みがあればいつまでも生きるべし」

晋作は松陰の思いを継いで、国のために身を投げ出す覚悟を決めた。だが急ぐことはないと考えた。松陰が死んで、玄瑞は藩の枠を超えた同志と共に即時尊皇攘夷の実現をめざし、しゃにむに突き進んだ。晋作は、その急ぎすぎる朋友を理解すると共に、批判的でもあった。晋作は藩にこだわった。高禄を食《は》む武家の出身だったからかもしれない。長州藩を改革して、藩全体で攘夷に突き進む。玄瑞が藩を超越して戦ったのとは反対に、藩の中で戦った。禁門の変に敗れて、守旧派の俗論党が藩政を掌握した。すると長府の功山寺に挙兵し、これを破って尊皇攘夷の正義派が再び藩政を主導する。武備恭順と強気で出て幕府に対峙し、四境戦争《しきょうせんそう》に勝利する。だが結核を患っていた晋作は、玄瑞と同様、維新の日を見ることなく、二十九歳の若さで、「死んだら、墓前で芸妓を集め、三味線を鳴らして騒いでほしい」といい置いて、この世から消えた。

天下国家のため我が身を大事になされよ

――天下国家の為め一身を愛惜し給へ。閑暇《かんか》には読書を勉《つと》め給へ。外に老兄に申すべき事之れなく候。

（桂小五郎への手紙・安政四年九月二日付）

桂小五郎（木戸孝允）は西郷隆盛、大久保利通と共に「維新の三傑」と呼ばれた。松陰のよき友であり、かつ松陰を師と尊敬したが、小五郎が松下村塾の塾生だったことはない。しかし、小五郎は多くの塾生の面倒を見て、皆から慕われた。

「天下国家のために、我が身をいとおしんでください。ヒマなときは読書に精を出してください。老兄に申すべき事は他にありません」

〝老兄〟とは、年上の友人を敬っていう語である。**桂小五郎**は松陰より三歳年下だが、小五郎を敬う松陰の気持ちが、文面全体から感じられる。

小五郎は藩医・和田昌景の二男として生まれ、八歳で百五十石の桂家（末期《まつご》養子のため九十石に）に養子に入った。養父だけでなく、養母も翌年に死んだため、実家に帰って育った。その境遇にはどこか松陰と似た所がある。十七歳のときに藩校明倫館で松陰に学んで以降、兵学の師として松陰を慕った。剣客の斎藤新太郎について二十歳で萩を離れ、江戸で新太郎の父の弥九郎道場の練兵館に入門、その腕前を挙げて塾頭になった。その一方、達筆で詩歌、また絵心もあり、まさに文武両道に秀でていた。

松陰が三歳年下の小五郎と親しくなったのは江戸においてであった。松陰は長崎に入港したロシア艦船に乗ろうとして、嘉永六（一八五三）年九月十八日、江戸を後にする。『長崎紀行』によれば、このとき長州藩の友人で、これを打ち明けたのは小五郎のみだったようで、この謀《はかりごと》に小五郎が賛成してくれたとある。しかし、事を打ち明けた他藩の友人は品川まで見送ってくれたのに、小五郎は「待ったが現れず、しばし恨み嘆いたが、決然と袂《たもと》を振って去った」と、彼への不満を記している。

だが、この後も友情は保たれたらしい。次の「桂小五郎に送った書」（戊午幽室文稿）が、それを証明している。二人はしばらく会うことはなかったが、松陰が野山獄に再入牢する二日前の安政五（一八五八）年十二月二十四日に、小五郎が杉家を訪問し、五年ぶりに会ったのである。この書簡は、その四日後に、牢獄から小五郎に送ったものである。「僕の交遊は天下にたくさんいるが、思うに平素最も深く信頼できる者は、小五郎と**来原良蔵**《くりはらりょうぞう》（松陰より一つ年上で明倫館に学ぶ・妻は小五郎の妹）を置いてはいない」といい、「小五郎は懇篤《こんとく》（丁寧で親切の意味）で、親しめる。小五郎は少時より僕に従って学び、相知ってから久しい」と語っているからだ。

❖桂小五郎は松下村塾の応援団

小五郎は安政二年に、下田奉行の与力で、蘭学に通じ、砲術家の幕吏でもある**中島三郎助**に軍事や造船術を学んだ。ところが、幕府兵学を支える中島三郎助と**勝海舟**が喧嘩をした。いたたまれずに、野山獄から松陰は浦賀にいた小五郎に手紙を送った。

「何と嘆かわしいことか。元来、国家の繁栄を妨げるのは、皆、主義・利害を同じくする者が仲間割れして起こるもの。現在、米露英仏の患《わずら》い、荷にあまる上、国威を振るい立たせて古朝廷の姿に復そう（王政復古の意味）とする、いかにも容易ならざる局面で、人材不足の著しいとき、勝にせよ中島にせよ、皆得難い人材なのに、両犬が噛みあい、二人が袂を分かつことにでもなれば、天下のために惜しまれることになる」と、小五郎の師の諍《いさか》いを嘆くなど、しばしば小五郎に手紙を送っている。

その小五郎は剣豪に学び、幕吏に師事するなど、松下村塾生とは肌合いの違う道を歩んだ。彼は後、勝海舟とも仲よくなり、**坂本龍馬**、**西郷隆盛**、**横井小楠**《よこいしょうなん》ら他藩の有能な士と交流した。これが小五郎の大きな財産となり、薩長同盟につながり、また、後に明治政府の要人になる足がかりとなった。

松陰は江戸に遊学する**吉田稔麿**《としまろ》、**久坂玄瑞**らの塾生に、小五郎を頼るよう促し、紹介状を書く。稔麿は小五郎の世話で弥九郎道場の練兵館にも入門している。小五郎は松陰に頼まれて、松下村塾の応援団的存在になり、頼もしい松陰の友人として、**伊藤博文**らにも慕われた。このために、まるで松下村塾出身の頼れる先輩と、しばしば歴史上、間違われた印象を持たれてきた。

老兄の気力・詩力・酒力、皆僕はかなわぬ

――昨日の会、老兄の気力・詩力・酒力、皆僕の当る所に非ず、これを終ふるに老兄は慍《いか》りて僕は楽しみ、老兄は留まりて僕は去る。

（念七〔二十七日〕、小田村伊之助〔士毅〕に与ふ）

小田村伊之助（後に楫取素彦と改名）は松陰より一つ年上の儒者だった。江戸遊学で親交を結び、脱藩や密航の際は親身に心配した。松陰の妹・寿と結婚し、杉家の身内として奮闘し、明治期に群馬県令となり、男爵に。寿の死後、その妹・文と再婚した。

松陰は再び野山獄に安政五（一八五八）年十二月二十六日に投じられた。その前夜、杉家で送別会が開かれた。そのときの昂奮が収監されても解けず、松陰は一睡して暁《あかつき》に目覚める。

送別会で伊之助がつくった「普段は流さぬ男の涙。だが忠臣の離席に向かっては禁じ得ぬ」の詩に、自ら「今上の帝がたいそう憂える国はどうなる。吾はことさらに獄に繫がれ、志を得られぬこの不遇」とつけ足して、静寂のしじまを破って高々と吟じた。そして、伊之助に書を認《したた》めた。

送別会には、**久坂玄瑞**、**高杉晋作**は萩を離れていて出席できなかったため、**吉田稔麿**、**品川弥二郎**、**入江杉蔵**・**野村和作**兄弟ら十三人が出席した。

松陰は、

「昨日の会、老兄（**小田村伊之助**）の気力・詩力・酒力、すべて僕はかなわない。送別会が終わるとき、老兄はむっとして腹立たしげだったが、僕は楽しかった。老兄は留まり、僕は牢獄へ去る」

と記した感謝の書を、義弟・伊之助に送った。

その送別会で、松陰は「村塾来送の諸君に贈る」の書を認めて、

「吾を送る十三名、訣別《けつべつ》なんぞ多情なる。松塾まさに隆起す、村君（伊之助）義盟を主《つかさ》どる」

として、伊之助に松下村塾を譲ることを塾生たちに明らかにしたのだった。

この伊之助は藩医・松島瑞蟠《ずいばん》の息子三兄弟の二男で、四歳で父に先立たれ、母の手で育てられた。彼は十二歳で明倫館の儒官・小田村吉平の養子となり、明倫館に出仕して、儒者の道を歩み、江戸に松陰と前後して遊学し、意気投合した。

❖小田村伊之助、親友から妹の夫に

伊之助は妹・寿と結婚した。これを喜んだ松陰が、兄・梅太郎への手紙（嘉永六年八月十五日付）で、

「寿妹こと、小田村氏に嫁がせられた由、何はさておき稀なる喜び、伊之助の三兄弟は皆読書人、この一事をとってみても、松陰にとっては喜ばしい」

といっているように、三兄弟は学問に秀でていた。

長男・剛蔵は蘭方医学を修め、幕府の長崎海軍伝習所で勝海舟らとオランダ人から

航海術を学び、帰藩して洋学所・軍艦教授所を創設し、藩最初の洋式軍艦・丙辰丸《へいしんまる》の艦長をつとめ、松陰とも交流があった。三男の健作は、儒家の小倉家の養子になった。健作は松陰を慕い、松陰に尽くした。

松陰は伊之助と知り合ってまもなく、藩の過書（通行手形）なしに東北旅行に出かけたため、脱藩の罪に問われたが、これを親身になって心配した。

また寿と結婚した後、松陰がアメリカに密航しようとして失敗し、伝馬町の牢屋に入れられたとき、牢屋で古株の囚人から〝いじめ〟にあわぬため、金が必要になった。伊之助は、松陰のために自分が所持していた甲冑を質入れして金を工面したのだ。弟・健作もまた金の工面に奔走しただけでなく、諸々の使いをして牢獄の松陰を助けた。

松陰は、身内でもある伊之助に大いに期待した。しかし、長所だけでなく弱点もよく見ていた。

入江杉蔵に宛てた手紙（安政六年一月二十三日付）でこう評している。

「小田村は人となりが正直すぎて困る。憤激のあまりに心にある事を悪賢い役人たちに吐き散らし、それで悪役人を恐れさせ、相手をかえって警戒させてしまう弊害がある。中にはこの事が同志の行動の妨げにもなっている。ただし権謀のない正直者であることは、天地に誓って間違いない」

伊之助は真面目でおとなしい性格だったのだ。

その人柄から、松陰だけでなく、藩主・敬親《たかちか》にもまた愛された。このために藩主に次第に重用され、山口や長府にも派遣されて、松下村塾で教えることがなかなか困難になっていく。

だが、松陰は松下村塾生に宛てた手紙（安政六年五月十八日付）で、

「村塾、彝堂《いどう》先生（伊之助のこと）あり、何ぞ吾が言を待たん。塾政の大眼目《だいがんもく》はただ先生を尊奉するあるのみ」

と、今後、塾生たちは伊之助を尊び従うように命じた。

松陰は、伊之助が長となり、同じ妹婿の久坂玄瑞と従弟の久保清太郎がこれに協力する形で、塾生を指導することを望んだのだった。

そして第一章の冒頭で掲げたように、「至誠にして動かざる者……」という、松陰の最も大切な言葉を、松陰の信念として後世に伝えるか否かの決定権を、この伊之助に託した。

伊之助は藩主の側近として活躍し、松下村塾を継ぐことこそできなかったものの、こうして玄瑞や晋作らと共に、松陰の「至誠」を実践していったのだ。

❖松陰は西郷隆盛に匹敵する人物

玄瑞ら多くの村塾生が禁門の変で死に、幕府の長州征伐が始まる。幕府への恭順派である俗論党が藩政を掌握し、尊攘勢力は迫害された。藩主のお気に入りの伊之助さえ野山獄に投獄され、兄の松島剛蔵は斬首された。ところが晋作の決起で俗論党は一掃され、このお蔭で伊之助は獄から放免された。

長州藩は「武備恭順」の強硬路線に転じ、幕府の第二次長州討伐が決まると、藩主の代わりに幕府本営のある広島に弁明に赴き、再び牢獄に投ぜられた。今度こそ命はない、と伊之助は覚悟した。

しかし晋作の豊前小倉城攻撃などで長州は勝ち続け、窮地に立った幕府側は伊之助を釈放した。

小田村伊之助は藩主・敬親から楫取素彦と改名するよう命じられ、側用人として側近中の側近となる。王政復古の大詔を前に、素彦は諸隊を率いて京都に入り、鳥羽伏見の戦いでは禁中を守った。そして**木戸孝允**、**伊藤博文**らと共に維新政府で徴士《ちょうし》参与となって、中央での活躍が期待された。

だが、藩主・敬親は素彦が中央に出ることを好まず、側近として長州に留まることを求めたため、辞職して藩主のもとに復した。このことで素彦は中央での活躍の機会を失い、明治四年に敬親が逝くと引退して田舎に引っ込んだ。しかし、やがて乞われて、今でいう知事として群馬県で活躍し、男爵にまでなった。

群馬県令（知事）のときに妻・寿が病に倒れ、寝たきりになると、久坂玄瑞を亡くした文が、寿の看病に訪れ、素彦の身のまわりの世話もした。そして寿が死ぬと、母・瀧の願いによって、文は素彦の妻となったのだった。

素彦は群馬県の養蚕振興、また教育に全力を注いだ。贅沢を嫌って送迎の馬車を用いず、旧家を修理して住み、彼が県庁を去るときは、その徳を慕って県民数千人が素彦を見送った。

素彦は群馬県令の地位にあった明治十三（一八八〇）年の書簡で、「松陰は天下に名のある**西郷隆盛**に匹敵する」といい、生涯、松陰を尊敬してやまなかった。

3章

怖れず覚悟を貫く言葉

——松陰が抱いた新たな夢、そして突然の死……

天下は天皇のもので、幕府の私有でない

――天下は天朝の天下にして、乃《すなわ》ち天下の天下なり、幕府の私有に非ず。
(『将及私言《しょうきゅうしげん》』)

松陰が国を心底憂いて、日本が天皇の国であり、幕府はこれを守る責務があるのに無策であると痛切に感じたのは、嘉永六(一八五三)年六月、ペリーの黒船が来航し、それを浦賀に急行して目撃した衝撃からだった。以後、松陰は国粋論を展開した。

二十四歳の松陰は、ペリーの黒船を浦賀で目撃して、いても立ってもいられなくなり、藩主・敬親《たかちか》に『将及私言』の意見書を提出した。この書で、「アメリカのことはすなわち目前の急であり、すなわち万世の患である」として、外国に弱腰の幕府を非難し、その対策を論じ、また「日本は天皇のものであり、幕府が勝手にできるものではない」と明言した。そして、「だから、この日本のどこかで外国の軽蔑を受けたならば、幕府はもとより全国の諸侯を率いて天下の恥辱を晴らして、天皇の御心を慰めることが重要である」と弁じたのである。

松陰は東北旅行に向かった際、立ち寄った水戸で**会沢正志斎**《あいざわせいしさい》、**豊田天功**《とよたてんこう》に教えを乞い、水戸学を学んで歴史の重要性を認識し、『古事記』や『日本書紀』などを読むようになった。これに加えて、もともと松陰は、敬神家の父・百合之助から「日本は神国である」と教えられてきたこともあって、彼の考えは常に皇国史観に立っている。「わが国はかたじけなくも国常立尊《くにとこたちのみこと》以来、代々の神々を経て、伊弉諾尊《いざなぎのみこと》、伊弉冉尊《いざなみのみこと》に至り、大八洲国《おおやしまのくに》（日本の古称）および山川・草木・人民をお生みになり、また天下の主たる皇祖天照皇大神をお生みになられた。それより以来、歴代の天皇が継承してゆるぎなく、この後も永久に伝わるのである。このように国土・山川・草木・人民のすべてを、皇祖以来、天皇が守って来られた。だから天下の人々から見れば、天皇ほど尊きお方はいないのである。また天皇から見れば民ほど貴いものはいない。この君民の関係は日本開闢《かいびゃく》以来、一日として変わらない。故に天皇がおれば民がおり、天皇がいられないなら民もまたいないのである」

『講孟劄記《こうもうさつき》』のこの詳述を見れば、松陰が「日本は天皇一人のもの」と述べた『将及私言』の意味が、よく理解できるであろう。

❖「天下は人民のもの」は中国でのこと

中国の兵法書『六韜《りくとう》』に「天下は一人《いちにん》の天下にあらず、乃ち天下の天下なり」という有名な言葉があり、日本でももてはやされていた。「天下は君主一人のものではなく、人民全体のものである」という意味である。松陰は、これを否定したのである。

これについて、松下村塾生の「斎藤栄蔵の文を評す」（丙辰幽室文稿）では、「この言葉は中国人の言葉であって、神州（日本）ではそうではない」と述べられている。

「大八州は皇祖がはじめた所であり、万世の子孫に伝えた、天地の極まりないものなのに対して、漢土（中国）では、天の神がこの世に人民を降だしたが、君師《くんし》がいなければ治まらなかった。そこで億兆の民の中から君師を選んで治めることを命じた。だからその人が職にふさわしくなく、人民を治められなければ、天はまた必ずその地位から引きずり降ろした。だが我が国は全く違う」（『講孟劄記』）というのだ。それ故に、中国では「天下は一人の天下にあらず」であり、天皇の国である日本にあっては、「天下は天皇一人の天下」というのである。

この天皇の国にあって、将軍は朝廷から任命される所なので、その職にふさわしい者のみが留まれる。だから、天皇を追放して天下を握った足利氏のごときは、これを廃しても構わない。この点において、将軍は中国の君師とよく似ていると松陰はいう。

だがペリーが来航し、アメリカ密航に失敗して捕まっても、松陰はこの頃はまだ、幕府を葬るべき憎き対象とは見ていなかった。「光輝く天朝が天下を治めているこの国で、天朝の命を奉じないで、勝手に将軍の怠慢を責めることは、それがいかなる正義の旗印を掲げようとも、義戦とはいえない」と『講孟劄記』で戒めている。

「天下は天皇のもの」の言葉は、「至誠」の一言と共に、松陰思想の根幹をなす重要な言葉なのである。

富士山が崩れるとも決意は変わらない

――富嶽《ふがく》崩ると雖《いえど》も、刀水《とうすい》竭《つ》くと雖も、亦《また》誰れか之《こ》れを移易《いえき》せんや。

（『回顧録』）

松陰が下田の沖に停泊するペリーの黒船に乗り移り、アメリカへ行こうと決意したのは、欧米の優れた技術を学んで、相手と対抗できる軍事力を持たなければ、日本は中国のように列強の植民地になってしまうと思ったからである。

ペリーの黒船が再び姿を見せたのは、安政元（一八五四）年一月のことだった。黒船は江戸湾深く侵入して居座り、幕府は高圧的なペリーに屈して、三月三日に日米和親条約が調印されることとなる。

しかし、その屈辱も、もとはといえば、日本の軍備が格段に欧米諸国に劣っているためであった。松陰は『幽囚録』で、

「最近の西洋は、もっぱら大砲や銃で戦争をする。城一つとってみても、日本が二百年前の築城技術に固執すれば、外国人の弾丸を受け止めるのは危険である。西洋各国を周遊して名城堅砦《けんさい》を視察して築城家と意見交換して、時代にあった城を築く必要がある。また兵学校を興して全国から武士を集め、学校に練兵場を置いて、砲銃や歩兵・騎兵を学び、外国語の学科を設け、英米露蘭の書物を講義すべきである。このため優れた人材を各国に派遣し、書を買い求め、その国の学問を習得させ、彼らを教授とすべきである。また帰国した漂流民や帰化した外国人を招いて、話を聞くのも有益だ」

として、日本が諸外国と互角に立ち向かえるように、早急に欧米に学ぶ必要のあることを、松陰は切実に感じたのだ。

そして松陰は、西洋に優れた若者を派遣せよと主張する師・佐久間象山の意見を無視する幕府に業を煮やし、ついに自分がその先駆けになろうと決心した。

❖「男は一度決めたことは実行することだ」

ペリーの黒船再来の前年、松陰は長崎に寄港したプチャーチン率いる軍艦でロシアに渡ろうとして長崎に急いだが、船はすでに出航した後だったので、彼の思いは遂げられなかった。

そこに、予定より早くアメリカの黒船が姿を見せた。この船で西洋に渡り、進歩した世界を見て、日本が強国になる手助けをしたい。そう願う松陰の気持ちは、矢のように急《せ》いた。

密航してアメリカに行きたい。だが江戸に出て来ていた兄・梅太郎《うめたろう》、また義弟の小**田村伊之助**《おだむらいのすけ》には、累がおよぶのを恐れて秘密にした。

藩邸の雑役をする足軽出身の**金子重之助**《かねこしげのすけ》は、同宿して松陰の教えを受けていた。勇気があって不屈の面立ちをした重之助にはこの秘密を打ち明け、行動を共にすることになった。

日米和親条約が結ばれた二日後の三月五日、松陰は京橋の酒楼に親友八人と集う。そして、ここで計画を打ち明けた。

はじめ、この計画に心から賛成してくれたのは肥後藩士の**永島三平**ただ一人だったが、そのうちに皆が賛成するようになった。が、親友の*****宮部鼎蔵**《みやべていぞう》だけが「危険だ」と強く反対した。

藩友の*****来原良蔵**《くりはらりょうぞう》は、「海外事情を今知らねばならぬ切迫した時期ならば、失敗して晒首《さらしくび》になろうとも、松陰に後悔させたくない」といった。

はじめ賛成した三平は、逆に「勇気があって鋭敏なのは吉田君の長所だが、計画実行は無理で、中止したほうがよい」とたしなめた。

これに対し、松陰は筆を振るって固い決意を表明した。

「男としての見せ場は、一度決めたことは実行することにあり」と書き、さらに冒頭

*宮部鼎蔵　肥後の山鹿流兵学者で松陰の親友。東北などを共に旅した。池田屋事件で死ぬ。

*来原良蔵　長州藩士。松陰の脱藩を助け罰を受ける。藩の兵制改革に貢献。尊皇攘夷の急先鋒として外国人を斬ろうと画策するも失敗、自刃した。

の言葉、すなわち「富嶽（富士山）が崩れようと、刀水（利根川）が涸れようと、誰がこれを変えられようや」と述べたのだ。

鼎蔵はやむなく賛成した。松陰は、

「吾は断然、危険なこの計画を実行する。もとよりつまずいて首が鈴ヶ森の刑場に晒される覚悟もしている。しかれども諸君、今日から各々が一事を為して国に報いるならば、その間に裁かれることがあっても、国威を高めることができよう」

と促し、皆は「その通り」とうなずいた。

家に戻った松陰は、衣類を売り払って金に換えた。海外万里の旅立ちなのに、持ち物はただ袋一つだけ。

夜、友が別れに来てくれた。三平が世界地図をくれる。鼎蔵は佩《お》びた刀を外すと、松陰のものと取り換え、神鏡一面を贈った。そして別れに松陰の先々の吉を祈って「皇神《すめかみ》の真《まこと》の道を畏《かしこ》みて思ひつつ行け思ひつつ行け」と口ずさんだ。

松陰は、こうして江戸を去り、下田へ向かったのだった。

赤穂浪士が事を遂げた日を出発日とす

――本月十五日は赤穂の義士事を遂げし日なるを以て、余二子と東行発軔《はつじん》を約するに、是の日を以てす。

（『東北遊日記』）

松陰は赤穂浪士こそ〝武士の鑑〟であると考えて、尊敬していた。主君のために心を一つにして死ぬ――天皇のためにいつでも死の覚悟をしていた松陰にとって、四十七士こそ忠義をなした至誠の人々だったのだ。

松陰は密航に失敗し、牢獄に繫がれることになったが、松陰はその二年前にも脱藩の罪を犯し、藩から御家人召放《ごけにんめしはな》し、つまり吉田家の断絶と、士籍削除を申し渡され、浪人になっていた。ただし、父・百合之助《ゆりのすけ》が引き取り面倒を見てよいとの裁定を得た。

しかし、この脱藩は松陰が悪いというより、江戸藩邸の職務怠慢による結果で、松陰は他藩との信義を優先し、至誠を貫くための、やむにやまれぬ脱藩だった。

江戸に遊学中の松陰は、親友の**宮部鼎蔵**から東北旅行を持ちかけられて賛成した。二人はすでに沿岸海防の視察のため相模・房総を踏査していた。蝦夷《えぞ》地や東北に外国船が出没して不安なため、北日本の地勢を視察し、実態を掌握しようとしたのだ。

ここに松陰は藩から東北遊歴を嘉永四（一八五一）年七月三日に認められた。

そこで過書《かしょ》（通行手形）を申請した。

松陰は最初、過書はすぐに下りるだろうと高《たか》を括《くく》っていた。だが、お役所仕事でのろまな藩邸役人はグズグズしていて、なかなか過書を出さなかった。

そんな中、松陰と鼎蔵は**江幡五郎**と意気投合し、三人で出発することになったのだ。五郎は南部藩士で、江戸に学び**安積艮斎**《あさかごんさい》に師事し、大和五条では松陰も尊敬する**森田節斎**に教えを乞うた。その遊学中に南部藩に御家騒動があり、兄の春庵《しゅんあん》は姦臣の田鎖《たくさり》左膳《さぜん》の陰謀を阻もうとして投獄され、しかも獄死した。五郎は兄の仇《かたき》討ちを決意し、松陰と鼎蔵は応援して、途中まで同道することになった。

❖友の討ち入りを支援、十二月十四日に脱藩して東北に旅立つ

松陰は五郎の成功を願い、赤穂浪士が吉良邸に討ち入った十二月十四日を出発日と決めた。それまでに過書は下りると思っていたが、下りなかった。

そこで松陰は、

「過書が出なければ、吾は必ず亡命せん。ぐずぐずしていては、人は必ず長州人は優柔不断といおう。これは藩を辱めることになる。亡命は藩に背くことになるが、その罪は自分一人に留まる。藩を辱めるのに比べれば損得は決まっている」（『東北遊日記』）

として、脱藩を選んだ。

小田村伊之助らは盛んに止めたが、松陰の決意は変わらなかった。当時、脱藩は死罪である。

冒頭の言葉は、「十二月十五日は赤穂の義士が吉良邸討ち入りに成功した日なので、私は鼎蔵・五郎の二人と東北出発の日をこの日と約束した」というもの。

討ち入りは十四日夜に決行され、吉良の首を取ったのが十五日の早朝だったことから、出発は十四日とし、その朝十時、松陰は密かに桜田藩邸を出て、待ち合わせ場所の泉岳寺に向かった。泉岳寺は水戸街道へ出ようとする三人にとって逆道だが、あえて泉岳寺を出発地に選んだ。

ここには赤穂浪士を尊敬してやまない、松陰の熱い心があった。

東北は真冬、二メートルの風雪をしのいで、蝦夷の地（北海道）をわずか十八キロ先に見る、本州最果ての竜飛《たっぴ》崎まで踏査した。そして津軽半島にロシア人が上陸したときの模様を地元民から聞くとともに、お粗末な砲台に本土が奪われる危機感を抱く。そこで青森に一大港を築き、軍艦数十隻を配備する構想を打ち出す。

ところで、途中で別れた五郎は石巻に隠れて相手の情報を探り、帰路についた松陰らと再会した。五郎は「仇討ちはきっと近く実行できる」といい、酒を酌み交わした。夜、浄瑠璃語りを呼んで、忠臣蔵の本懐を遂げる段を三人で聞いた。松陰は浪士の苦労に感激し、時に嘆き憤りもして涙を流した。

結局、五郎の仇討ちは実現せず、仇も病没した。五郎は後に南部藩に復帰して六十石を食んだ。藩校の教授となり、明治になって文部省で小学校の教科書づくりに携わり、『古事類苑』の編集にも関わった。

さて、松陰が赤穂浪士にこだわる一要因に、家業の山鹿流兵学の祖師である**山鹿素行**《やまがそこう》が関係ある。

独自の兵学・山鹿流を完成させた素行は、朱子学に疑問を抱いて朱子学から離れ、会津藩主の保科正之《ほしなまさゆき》の怒りを買って、赤穂に配流となり、九年間を当地で過ごし、藩士に武士道を叩き込んだ。その兵学が赤穂浪士に大きな影響を与え、吉良邸討ち入りの精神的な支えとなったのだと松陰は考えていた。

◆「やむにやまれぬ大和魂」の歌も赤穂浪士を意識

松陰は密航に失敗した直後の下田の牢獄で『赤穂義士伝』を読み、江戸伝馬町の牢へ送られる途中、泉岳寺の前を通った際、己が無念に唇をかみしめる。

安政元年四月二十四日付で「獄中より兄・梅太郎に送った書」（『幽囚録』）で松陰

はこう述べる。

「赤穂の諸士は主君の仇を討つために、武器を持って江戸に騒動を起こしてはならないという典《おきて》を犯し、一方の私松陰は国のために力を尽くそうとして、海外に許しなく出国する典を犯した。赤穂浪士は成功し、松陰は失敗した。その賢さと愚かさはかけ離れてはいるが、いずれも熱い思いに違いはない。世間の人は口うるさく罵《のの》り、私がどうして傷つかないことがあろう」

と述べ、江戸での死罪を覚悟し、親兄弟への別れの書を認めたのだった。

その別れの書に、松陰は泉岳寺の前を通りすぎるときに詠んだ歌を書き添えた。

「かくすればかくなるものとし（知）りながら、やむにやまれぬやまとだましひ（大和魂）」

松陰は武士の道はこの歌にあると、自らの歌を評している。そして松陰は老中・間部要撃策を計画したときも、決起の日を十二月十五日に定めている。

この赤穂浪士への思いは**久坂玄瑞《くさかげんずい》**や**小田村伊之助**に受け継がれる。玄瑞は老齢の義士・小野寺十内《じゅうない》と妻の丹の夫婦愛を、夫婦の理想として、妻・文《ふみ》（松陰の妹）に教え込む。江戸の十内と京都の丹は、手紙を緊密に通わせただけでなく、歌のやり取りで絆を深めたのだ。

文が所持していた玄瑞からの二十一通の手紙は、十内・丹夫妻の手紙に匹敵するとして、文と再婚した伊之助は巻物にして「涙袖帖《るいしゅうちょう》」と名付けて大事に保管した。十内・丹夫妻の往復書簡が「涙襟集《るいきんしゅう》」としてもてはやされたことから、伊之助が、この赤穂浪士夫妻の手紙にも匹敵するとして「涙袖帖」と命名したのだ。

また松陰と交流があり、松陰を尊敬した**来島又兵衛《きじまたべえ》***は、尊攘の過激な藩士だったが、赤穂浪士の討ち入りを真似て、相印の衣装や縄梯子などを用意し、配下の遊撃隊員とともに、京都の会津藩邸に討ち入って、京都守護職の**松平容保《かたもり》**の首を狙おうとしたが、玄瑞に阻止されて決行をあきらめたという出来事もあった。

さらに**高杉晋作**もクーデターによって尊攘に藩論を統一しようと、長府の功山寺に挙兵するが、決起を赤穂浪士討入りの十二月十四日と定めた。

結局、準備が整わず一日遅れになったが、晋作も松陰の影響を受けて、赤穂浪士を非常に意識していたのだった。

＊来島又兵衛　長州藩士。武勇をもって鳴らした。禁門の変で敵弾を浴びて敗死した。

入獄来、文をつくり学を修め自らを楽しむ

——蹉跌《さてつ》以来、檻車牢狴《かんしやろうへい》、至る所多く人に愛憐せられ、書を読み道を講じ、従容《しょうよう》として自得し、未だ曾て困苦を知らず。今又茲《ここ》に繫がれ、愈々益々《いよいよますます》奮励《ふんれい》し、文を為《つく》り学を修め、将《まさ》に以て身を没せんとし、自ら逸し自ら楽しむ。

（野山獄文稿「来原良三［良蔵］に與ふる書」）

松陰はアメリカへの密航に失敗して二十五歳で獄に投ぜられて以降、三十歳で落命するまで、牢獄生活と自宅軟禁を強いられ、ついに自由の身になることはなかった。よって牢獄を勉強部屋にして、日々精進を怠らなかった。

安政元（一八五四）年三月二十八日未明、**金子重之助**と下田沖の米艦に搭乗して海外に赴こうとしたが拒否され、やむなく自首し、獄舎の人となった。二人は下田から江戸伝馬町の獄に送られる。

死罪を覚悟した松陰だが、取り調べ役人が、国禁を犯したとはいえ、松陰の高い志を評価したのに加え、アメリカ側からも寛大な処置を求められたこともあって、幕府は「父・百合之助に引き渡し、在所において蟄居申しつける」という、非常に軽い処分を下した。

だが松陰に再び事を起こされては幕府に申し開きができないと考えた長州藩は、過剰反応した。

萩への護送は重罪人扱いで、唐丸籠に網をかけ、腰縄に時には手鎖《てぐさり》もはめられるという屈辱的なものだった。昼飯は乗物を地上に置き、膳を乗物の前に据え、地べたにて食べさせ、犬馬にも劣る扱いをした。

そして幕府が命じた自宅蟄居を許さず、強制的に百合之助に借牢願いを出させ、野《の》山獄《やまごく》に繫いだのだった。

冒頭の言葉は、

「米艦搭乗を試みて失敗して以来、檻《おり》の車で運ばれ牢獄に入れられた。そのいたるところで多くの人からあわれみを受け、書を読み、時に囚人らに人の行くべき道を講じて、ゆったりとした気持ちになって満足し、これまでに一度も困苦を知らないできた。今また野山獄に繋がれ、なお一層、気力を奮い起こして、文章を書き、学問を修め、まさに没頭して、自らを解き放って、自分自身を楽しんでいる」

という意味である。

❖ 牢獄は勉強部屋、六百十八冊を読破

野山獄の独房の大きさは三畳で、うち二畳が畳敷き、一畳は板の間で、持ち込み品の規制はゆるく、松陰は小机を寝具、日用品とともに持ち込み、さらに硯・墨・筆・紙を差し入れてもらい、牢獄を勉強部屋にした。

松陰の読書量はものすごいもので、兄・梅太郎が方々で本を借り、これを妹の寿《ひさ》や文《ふみ》が取りに行き、牢獄に届けることもたびたびであった。

松陰は、野山獄にいた一年二カ月の間に歴史書、経書（儒教の経典）を中心に、多

種多彩な書物六百十八冊を読破した。しかも、これらは単に読み飛ばしたのではなく、大事なところは抜き書きして自分のものにした。

獄中は湿気が強く、皮の敷き物、渋紙で何とかしのがねばならなかった。

それより大変だったのが、寒さである。日本海に面した萩だけに、寒風が厳しい。牢屋は片面に格子がはまっているだけで、容赦なく風雪が吹き込んできた。松陰の鬚《ひげ》には堅い氷ができ、凍りつくような寒さに膚《はだ》は透ける。太陽の光なく、火鉢はなく、破れた綿入れは薄く、温かい湯もなかった。

『講孟劄記』で松陰は、

「寒気が苛烈で午前四時から眠ることができず、蒲団にくるまって父母・親戚・旧友を思い、あるいは我が身の今後を思い、また天下の情勢を思い、昼に読んだ書物の事を考える。すると読書していたときよりもいっそうの新発見があるのだ。私が入獄以来、議論見識が以前と大いに異なった気がするのは、これはすべて寒さの中での蒲団の中で得たものである」

と断言するのだ。

やがて松陰は、独房にいる女性一人を含む十一人の囚人と打ち解ける。彼らに犯罪者や政治犯はおらず、親族に嫌われての入牢者だった。それだけに刑期はなく、半永久的に閉じ込められていて、入牢期間の長い者ではすでに四十七年（安政元年時点で）に及ぶ者もいた。

松陰はこの者たちに、何とか希望を持たせようとした。そこではじめたのが孟子を輪読する勉強会だった。これを記録し、自らの見解も入れてまとめた著書が『講孟劄記』であった。

そして松陰は「戯言」（『松陰詩稿』）でいう。

「文王は獄舎に囚われて易《えき》六十四卦をつくり、孔子は諸侯に用いられず春秋を著わした。昔より順風に生きて英雄になった者は多くなく、今、不遇にも私は獄にいるが天の期待は軽いものではない」

松陰は、この苦難は天が与えた英雄になる試練と信じて、獄舎の日々を耐えたのだった。

吾は猛士であって、狂夫ではない

――人二十一回子を狂夫と謂ふも、回子は乃ち猛士にして狂夫に非ざるなり。

（戊午幽室文稿「狂夫の言」）

松陰は〝狂気〟の人生を生きたという人がいる。死ぬ直前に松浦松洞《しょうどう》が描いた肖像画に入れた自賛で、「人狂頑《きょうがん》（狂っていて愚か）と譏《そし》り、郷党衆《おお》く容れず」と、狂愚と罵られて多くの郷里の人々に受け入れられなかったと振り返っている。

「人は僕（二十一回子）を気の狂った男だという。だが、自分は強く勇ましい男ではあるが、決して気が狂った男ではない」。松陰は自らをそういう。しかし松陰の生涯を見渡すと、狂気に満ちていたといわれても仕方がない。

東北旅行で、他藩の友との信義を優先して通行手形がないのに脱藩して旅立って以降、彼の行動には恐ろしいまでの純粋さが感じられる。脱藩の罪によって吉田家を失い、士籍を剝奪されても懲りず、下田での米艦搭乗による海外渡航を試みた。盗んだ小舟で沖に出て黒船に接舷し、アメリカへ行きたいと訴えたが、受け入れられなかった。その決行にあたっての計画の行き当たりばったりさには驚く。

よく考えてみれば当たり前である。ペリーにしてみれば、和親条約を結んだばかりで、日本との友好を今スタートさせようという時期に、国禁を破って飛び込んできた得体の知れない若者を、親切にアメリカに連れて行く選択肢は、冷静に考えればまずない。松陰は理想が高く、それに向かって一途に突っ走るが、その計画は穴だらけで幼稚である。このちぐはぐさが松陰の特徴といえる。

勅許なしの日米修好通商条約の調印に激怒し、老中の**間部《まなべ》詮勝《あきかつ》**要撃策を練って、これを京都で実行しようとした。計画は秘密にしておかなければいけないのに、藩の要人に自らばらしてしまう。もちろん、これを藩が放置しておくわけがない。

そして普段は両親に孝を尽くし、塾生を可愛がりながら、一方で親を苦しめることを平気でやり、塾生を先兵のように使って、死ぬことも求める非情さを持つ。このアンバランスさ、これを狂った行為と思う人は少なくなかった。

いや、松陰自身も**高杉晋作**へ与えた書（戊午幽室文稿・二月十二日付）で「脱藩と密航の二つの挙の後、諸君は僕をもって狂となし、暴となす。気が強くて人のいう事を聞かないといわれるが、僕にはたぶんその病がある」と認めている。

さらにその翌年（安政六年）一月、時事に憤慨して野山獄で絶食したことがあった。母・瀧などが説得して一日でやめるが、この直後、**小田村伊之助**に送った手紙（一月二十六日付）で、自分を〝狂悖《きょうはい》の人〟、つまり狂気じみて我がままな人といっている。

◆塾生の狂気を戒める

ところで、インターネットに松陰の名言の項がたくさんある。その中に「諸君、狂いたまえ」という言葉がもてはやされている。だが、塾生たちにそんなことをいった事実は、筆者が浅学だからかもしれないが、文献からは確認できない。恐らく松陰がいかにもいいそうな言葉だとして、いつからか松陰の言葉になったのであろう。

松陰は**久坂玄瑞**や高杉晋作らに伝え示したいとして、「諸友宛」とする手紙（安政六年二月下旬）を書いた。その中で「（長崎遊学の）***前原一誠**《まえばらいっせい》送行の日、諸友の中で刀を抜く者がいた。また高杉晋作が江戸にあって犬を斬ったと聞いている。これらの事は諸君の気迫が衰え疲れているからであって、この事をよく知っておくべきである」と戒めている。

つまり、松陰はむしろ塾生たちの狂気を戒めているのである。

さて、ここで「狂」という字のもう一つの意味にふれておきたい。陽明学では志を高く持ち、虚飾も隠し立てもせず、心のままに素直に行動することをいう。このため松陰が尊敬した僧・月性は号を清狂といい、**山県有朋**《やまがたありとも》は通称を狂介と呼んだ。**桂小五郎**もまた、狂生、狂夫といった語を好んでいることを付け加えておきたい。

＊前原一誠　松陰が勇・智あって誠実と褒めた松下村塾生。明治政府で参議になるが、木戸孝允ら長州出身者と合わず下野。不平士族と萩の乱を起こし、鎮圧・処刑された。

将軍は天下の賊、今こそ討つべし

——征夷は天下の賊なり。今措《お》きて討たざれば、天下万民其れ吾れを何とか謂はん。

（戊午幽室文稿「大義を議す」）

「革命家」松陰が誕生したのは安政五（一八五八）年六月十九日、幕府がアメリカ駐日総領事ハリスとの間で、日米修好通商条約を勅許なしに結んだことによる。これに激怒して、公武合体論を捨てて激しく幕府を攻撃し、尊皇倒幕へ突き進んだ。

松陰は天皇のためなら命は惜しくないという、熱烈な皇室至上主義者である一方で、武家の棟梁である将軍のもとに、松陰が主君と仰ぐ毛利家はあり、松陰は毛利家の禄を食む家臣であって、武士として幕府に恩を感じていた。ただ、松陰は一番上に天朝があるので、毛利家藩主にとって将軍は主君ではないともいい、自分は天朝のためには命を惜しまないが、幕府に対しては敬あるのみで命は捨てないといってきた。

そして松陰は尊皇攘夷を掲げつつ、公武合体論者であった。公武合体といえば、大体が幕府存続を願って、天皇にはお伺いを立てるだけで、幕府が大きな裁量権を持って国を動かす、幕府主導の公武合体論である。しかし松陰は天皇があって、その下に幕府がある。幕府は天皇から委託されて国を運営しているのであるから、幕府の独断専行は許されない。そうした考えのもと、朝廷主導の公武合体論を唱えて来たのである。

時に松陰は一年二カ月収容されていた野山獄を出て、杉家に戻っていた。しかし自由の身ではなく、先祖をまつる神棚のある四畳半を幽室と定められて、必要なとき以外、幽室から外に出ることは許されなかった。とはいえ、藩の規制はゆるく、松陰は慕ってくる若者たちを幽室にあげて、学問を教えるようになっており、藩も家塾教授を認めて、松陰の松下村塾が動き出していた時期であった。

一方、幕府においては**井伊直弼**《いいなおすけ》が大老に就任し、将軍後継問題の抗争が絡んで、強権政治のもと**一橋慶喜**擁立派の排除に乗り出していた。その一橋派は朝廷と結び、朝廷は完全に一橋派を支持していた。

そんな中、日米修好通商条約の締結をアメリカから強硬に迫られ、幕府は天皇の勅許を取ろうと奔走していたが、朝廷は勅許を出さなかった。しびれを切らせた井伊大老はついに勅許なしでの調印を決断した。この条約は自由貿易をうたい、横浜、長崎などの開港、外国人居留地の設置を定めたものだが、関税や裁判権などで日本が至って不利な不平等条約であった。

◆通商条約に怒り、倒幕を叫ぶ革命家に

天皇の意向をまったく無視して、不平等条約を結んだ幕府に、松陰は激怒する。そして怒れる心のままに、藩主・敬親に「大義を議す」を建白したのだった。

「墨夷《ぼくい》（アメリカ）の謀《はかりごと》は神州（日本）の患《わずら》いである。墨夷の言葉は神州の恥辱と

なろう。このゆえに天子は怒り、勅を下して墨夷を絶たれた。幕府は恐れ入ってこれを守るに必死だった。だが今はそうではない。**朝廷を見下し、おごり高ぶって、墨夷にこびへつらって、天下の至計とし、国患を思わず、国辱を顧みず、そして天勅を奉じようとしない。これ征夷《せいい》（将軍）の罪であって、天地も受け入れず、神も人も皆憤っている。これを大義として、討滅誅戮《ちゅうりゃく》して当然である。少しも許してはならない**」

憤激の文章はさらに綴る。「今征夷は国患を養い、国辱を残し、しかも天勅に背き、外にあっては夷狄《いてき》（外国人）を引き込み、内にあっては諸侯を威《おど》す。だからすなわち憂鬱なる者は一国の賊である。まさに征夷は天下の賊である。今をおいて討たなければ、天下の人々は吾を何というであろうか」

松陰は将軍を賊といって罵り、ただちに討ち滅ぼせと叫ぶのである。このときから松陰は変質した。過激な思想、そして塾生に軍事訓練をやらせ、過激な行動を強いるようになるのだ。

松陰二十九歳、彼は革命家に変貌して、残り少ない人生を孤高に、また苛烈に生きるのである。

往《ゆ》け六人、飛耳《ひじ》長目《ちょうもく》の任務を与える

――往け六人、本藩方《まさ》に飛耳長目を以て務《つとめ》と為す。爾等《なんじら》を使ふ所以《ゆえん》なり。

（戊午幽室文稿「六人の者を送る敍《じょ》」）

「将軍は賊なり」と宣言した松陰は、自らは杉家の敷地から一歩たりとも外に出ることを許されていなかったため、松下村塾の塾生を自分の手足として用いた。彼らに京都・江戸で情報収集をさせ、また要人襲撃の先兵として命令を出したのである。

井伊大老が勅許を得ずに日米修好通商条約に調印した直後、長州藩政府の大改造があって、**益田弾正《だんじょう》**、**周布《すふ》政之助**、**前田孫右衛門**といった松陰に理解ある人物が要職につき、「近時の一快事」と松陰を喜ばせた。だから松陰が建白した「大義に議す」もすぐに藩主・敬親の読むところとなる。

そして松陰は、自分の思いを、長州藩と一体になって遂げたいと思う。だがしかし、松陰を理解しその策に同感しながらも、一国を預り国の運命を担う藩政府要人たちと、家禄も没収され身分は浪人にすぎない松陰とでは、自ずと担う責任の重さは違う。要人たちは、松陰の暴走を引き締めなければならない立場になるのは当然といえた。

だが、松陰はそんなことはお構いなしに、次々と計画を練り出す。**久坂玄瑞**、**高杉晋作**、**中谷正亮《なかたにしょうすけ》**、**中村道太郎**らはすでに江戸・京都に出て、他藩の同志と交わり、ためまぐるしく変わる情勢を、松陰のもとに伝えていた。

日米修好通商条約から一カ月余り後、松陰のもとに井伊大老が天皇を彦根城に移そうとしているとの情報が入ってきた。「六人の者を送る敍《じょ》」はその情報を聞いた三日後に書かれている。松陰は**伊藤俊輔（博文）**、**杉山松介**、**山県小介（有朋）**ら六人に、「今京都に吾と志を同じくする中谷正亮、中村道太郎ら五人がいる。六人の者、それ往きて五人と謀《はか》れ。往け六人、飛耳長目（遠くのことを見聞きできる目と耳）の任務を与える。五人はすでに耳目を飛長させ情勢を探っている。さらに六人が耳を飛ばし、目を長くしてくれれば、京師の益にもなる」といい、彦根遷都の風説をもとにした任務をも、あわせて命じた。

◆どこか松陰にあったドン・キホーテに似た側面

「彦根と京都は距離にして十八里（七十二キロ・実際は六十二キロ程）、宿場は六、七つ。その間に武士あり、侠客《きょうかく》あり、富豪家あり、智者もいよう。往きて彼らと仲良くなって、緊急時に備えよ。君らには耳目あり、手足がある。万一天皇が移されることがあれば、かつて後醍醐天皇が隠岐《おき》に流される途中をうかがい、天皇を奪おうと児島高徳《たかのり》が謀ったように、君らもその手段を講じろ」

彦根遷都はあくまでも風説で終わったが、もし実際に実行されていても、幕府の厳重警備のもとでは無理な行為である。その不可能なことを、平然と真面目に塾生に指示したのが松陰だった。

松陰は、江戸にいる塾生たちにも動くように指令を出した。塾生の**松浦松洞**宛の安政五年九月六日付の手紙には「一人の悪賢い者さえ倒せば天下の事は定まるであろう。僕が目指す所の奸物はまったく恐れるに足らない」と書いて、国政を独占した蘇我入鹿を中大兄皇子（天智天皇）らが宮中で誅した事件を見習い、「殿中で切り捨てるのが上策、宅邸を襲って討つのは中策、傍観して何もしないのは下策の下」とした。

この奸物によって、尾張・水戸・越前・一橋の諸侯が咎めを受けたので、本来なら越前藩らが立つべきだとしながらも、塾生に決起を促したのだ。

このとき、めまぐるしく変わる江戸の情勢に、萩にいる松陰はついていけず、誤った情報を信じて指示を出した。井伊大老が司令塔だが、彼もまた利用されていると思った。そして紀州藩の付家老の**水野忠央**《みずのただなか》を真の首謀者と信じて、その殺害を松洞をはじめ**久坂玄瑞**、**高杉晋作**、**入江杉蔵**ら塾生や**来島又兵衛**ら友人に命じた。

忠央は将軍に紀州の慶福（家茂）を推して実現し、幕府でさらなる飛躍を策謀したが、しょせん井伊大老の駒にすぎなかった。こうした事実誤認の松陰の指示に、もちろん誰も動かなかった。

松陰には多分に、ドン・キホーテ的な側面もあったと思われる。

成功は君に帰し、失敗は自分の罪となす

――趙《ちょう》の貫高《かんこう》の所謂《しょい》「事成らば王に帰し、成らざれば独り身坐せんのみ」、是れ児等の志なり。

（戊午幽室文稿「家大人・玉叔父・家大兄に上《たてまつ》る書」）

老中の間部詮勝の要撃を計画した松陰は、父・百合之助、叔父・玉木文之進《ぶんのしん》、兄・梅太郎（三人連名）に宛てた遺書を認めた。要撃は結局中止されたため遺書は渡されず、松陰刑死の一週間後に形見の中から発見された。今、真筆は萩の松陰神社の神霊になっている。

「頑固な息子松陰、血の涙を流して再拝し、父上・玉木叔父・兄上に申し上げます。松陰生まれつき虚弱、幼いときよりしきりに重い病にかかるが、不幸にして病死せず。狂暴な行ないをして、二十歳からこの方、しばしば重罪を犯す。だが法によって死せず。二十九年間の人生を回顧すれば、死んでいて当然の事きわめて多し。だが今に到っても未だ死せず。また父兄にこのたび面倒かけ、不孝の罪を重ねる。然れども今日の事は皇家（天皇が統治する国）の存亡に関わり、わが藩公の栄誉と恥辱に関わるにより、絶対に止めることはできませぬ。古人がいう『忠孝は両立しない』とはこのことでありましょう」

松陰はそう書いて、京都で安政の大獄を遂行する老中・**間部詮勝**（越前鯖江城主）を襲う計画を綴るのだが、彼はなぜ老中・間部を殺そうと思ったのであろう。

将軍継承問題で敵対した一橋派の追い落としにかかった井伊大老に対し、一橋派を中心とする尊攘志士は公家を抱き込んで勢力の挽回を策し、京都を活動の拠点とした。

それに対抗して、井伊大老は**酒井忠義**（小浜藩主）を京都所司代に送り込み、また老中の間部を京都に派遣した。**梅田雲浜**《うんぴん》*が捕まったのを皮切りに、安政の大獄の強権政治がはじまった。尊攘の志士たちは日米修好通商条約の違勅調印と併《あわ》せて、幕府への憎悪を募らせた。

❖討幕に先駆け老中・間部の要撃を計画

そんなときに、尾張、水戸、薩摩、越前の四藩の士が、井伊大老を襲うため、長州にも協力してほしいといっていると、京都から帰った塾生が告げた。

松陰は井伊大老を討つ計画にもちろん賛成だったが、今さら四藩の尻馬に乗って、事を起こしても長州藩の名誉にならない。それよりも自分たちが主体となって、それに匹敵する策をめぐらす方が得策と思った。

そこで井伊大老の襲撃は江戸が舞台なら、こちらは京都で事を起こそうと考え、井伊大老のもと京都で朝廷対策と志士弾圧にあたる老中・間部の要撃を計画したのだ。

父・叔父・兄に宛てたその遺書は、

＊梅田雲浜　若狭小浜藩士。尊攘論を唱え藩を追われた。京都で志士の連絡役として活躍、一橋慶喜擁立・井伊大老の排斥に動き、安政の大獄で捕まり、獄中で病死した。

「同志を糾合して神速《じんそく》に京に上り、間部の首を獲《え》て竿《さお》さきに貫き、上はわが藩公の勤皇の真心を表し、下は天下士民の公憤を顕《あら》わにし、旗を挙げて、皇城の門に赴く先駆けとならん。かくの如く死せば、死してなお生きるに同じ。けれども私一人の事としてなすべきでなく、わざわざ藩公の許可も請わない。趙《ちょう》の忠臣・貫高《かんこう》の古事にあるように『事が成功すれば功績は君公に帰し、失敗すれば自分一人の罪とする』、これが私の志である」

と、決死の覚悟を語るのである。

松陰は尊皇攘夷の先達となって、天下の公論を牽引しようとした。そこで塾生有志と血判書を交わし、他の私塾生にも声をかけ、十七人が集まったという。

また武器弾薬を購入する資金の調達を友人に頼み、共鳴者から寄付を募ろうとした。

そしてこの計画を長州藩全体の事として遂行しようとした。そこで藩政府の**周布正之助**に、

「血判した十七人が上京し、間部下総守らを討ち果たし、長州藩主の先駆けをいたし、天下の諸藩に後れず、毛利家の義名を末代に輝かせたく存じます。この段、お許し願いたい」

との手紙を送り、前田孫右衛門には「クーボール（簡易速射砲）三門、百目玉筒五門、三貫目鉄空弾二十、百目鉄玉百、合薬五貫の貸下げ」を申し出た。

孫右衛門は理解を示したが、政之助は困惑した。

松陰の過激な行動は、幕府を完全に敵に回す一大事であり、藩が窮地に陥る危険性があった。また藩にあっては革新派が実権を握ってはいたが、保守派の俗論党も実力を堅持し、井伊大老の専制政治のもと、その影響がじわじわ藩内に広がりつつあった。

政之助ら藩政府首脳たちは、松陰の気持ちを十分に理解したが、その暴走を許すわけにはいかなかったのだ。

吾は囚奴《しゅうど》にして、ついに山林に老いんか

——吾れ其れ遂に山林に老いんか。政府果して能く王に勤めば何ぞ囚奴の瞽言《ごげん》を待たん。

（戊午幽室文稿「周布公輔〔正之助〕の事二條」）

松陰の老中・間部要撃策は、松陰が藩にその内容をばらしたこともあって、萩の城下で知らぬ者のいない状況になった。藩政府は黙っておけず、策を弄して、何とか松陰を自重させた。

松陰が老中・間部要撃を公表して、長州藩を巻き込もうとしたのは、松陰を気にかけてくれる藩主・敬親への、松陰なりの忠誠心からだったと思われる。

吉田家を相続し、兵学を教える立場となった松陰は、多くの先輩弟子や叔父・文之進から兵学を教え込まれた。そして十一歳で、見事に藩主の前で『武教全書』戦法篇三戦を講じ、藩主・敬親を驚かせた。以降、敬親はたびたび松陰を召して講義を聞いた。

松陰が脱藩の罪で吉田家を失い、士籍を剝奪されたとき、彼の才能を惜しんで、松陰に十年間の遊学を許したのも、藩主その人だった。

その藩主の好意の中で、松陰はアメリカ密航を企てて獄舎の人になった。だが藩主は松陰に裏切られたとは思わなかった。だから松陰の建白書「大義に議す」もきちんと読んだ。そして「厳囚紀事《げんしゅうきじ》」（戊午幽室文稿）によれば「松陰は幽囚されてもいいたいことがあれば、何でも上申させるがよい。押さえつけて発狂させてはならない」と命じ、藩主の言葉をわざわざ政之助に伝えさせた。これを聞いて松陰は感激した。

こうした事から、松陰は正々堂々と大義を掲げて、長州藩の勤皇ぶりを天下に示すよい機会と見たのである。しかし松陰の想いは頓挫する。

毛利家は代々、皇室を尊重してきた。だが幕藩体制のもと、毛利家は幕府を敵にするわけにはいかなかった。頭を痛めた政之助は、松陰の親友である**中村道太郎**（二歳年上、明倫館で松陰に兵学を学ぶ）を杉家に遣わして、「勤皇のことは藩政府がするから、計画は待ってほしい」と説得させて、年末まで決起を延ばさせた。

さらに政之助はこれも松陰の親友**来原良蔵**（松陰より一歳年上）を使い画策した。良蔵は長崎直伝習生《じきでんしゆうせい》として西洋兵学を学び、保守派の反対を排除しつつ、長州藩を西洋軍制に変える任務に当たっていた。その良蔵に政之助は「自分にも計画がある。直目付になった**長井雅楽**《うた》が江戸へ行く途中、京都に立ち寄り、長州に勤皇の詔書を賜るよう願い出るつもりだ。長州の勤皇は近く必ずなる。書生たちが騒ぐことではない」と告げた。

❖親友の説得に老中・間部要撃計画を中止する

これを受けて良蔵は塾生の**前原一誠**を伴って松陰を訪れ、「勤皇の事、自分は政之助に委《ゆだ》ねようと思う。おぬしは賛成できぬか」と詰め寄った。松陰は窮した。「良蔵との交友は長く、志を同じくし、一度として拒んだことはなかった。どうして『駄目だ』といえよう」と思い悩む。しばらく黙して、ついに松陰は「諾《だく》」と答えた。

だが不満が松陰の心を覆う。そして冒頭の言葉、「僕は山林に埋もれて老いるのか。藩政府がよく勤皇に努めてくれていれば、どうして囚奴にすぎぬ自分のつまらぬ言葉を待つ必要があったのか。かつ囚奴の如き不満だらけの自分が、なんで凡庸な者と伍《ご》することに我慢できようか。まして口先やかましくする事に益などない」といって、受諾しながらも自分に反対する者たちを批判したのである。

これに良蔵は怒って「そなたは功名をほしがっているにすぎぬ。忠義ではない」という。これに「もちろんである。僕は不忠不孝にして功名をほしがっている。ただ人のやらないことをやり、人のいわないことをいうは、僕を置いてほかにはいない」と反駁し、言い合いになった。

この親友との喧嘩は、松陰にとって衝撃だった。松陰は高杉晋作へ「僕に山林（世間から離れた所）の囚奴になれと申す人がいる。山林を楽しもう。ただこの皇国の一大事に、なさねばならぬ気迫は消す事はできぬ。人は僕を称して功名家となす。当を得た名である」と自虐的な手紙（安政五年十一月十八日付）を送っている。ここに老中・間部要撃策は中止された。

狡猾な周布を除かずに、国事はなせぬ

――政府周布の奸猾《かんかつ》を除かずんば、国事遂に済《な》すべからず。

（某宛への手紙・安政五年十一月下旬）

親友の来原良蔵を遣わして、間部要撃策を中止させた周布政之助に、松陰の怒りの矛先は向く。政之助は台頭する保守派をかわす意味合いからも、松陰に厳しい処置を取らざるを得ず、嫌がる杉家一族に借牢願いを出させ、罪状もない松陰を野山獄に送った。

本来、**周布政之助**は松陰を理解するよき藩首脳であった。安政の大獄が進む中、彼は藩士たちに累《るい》が及ばないように、京都で活躍する**久坂玄瑞**、**中谷正亮**を江戸に避難させ、**赤川淡水**《おうみ》を帰藩させるなど、松陰に近しい者たちにも配慮ある指示を出している。だが尊攘激派の立場を鮮明にし、井伊大老の幕府に過激な言動をする松陰が、幕府の怒りを買い、毛利家が窮地に追い込まれる危険があった。また藩内にあっては保守派の俗論党の力が無視できなくなってきていた。

政之助としては、この状況を切り抜けるためには、松陰を切り捨てるしか他になかったのである。彼はそのため、虚言を呈し、策を弄《ろう》して、松陰の親友の**来原良蔵**らを取り込み、ついに松陰の説得に成功した。だが松陰は心から納得しておらず、いつまた過激な行動を起こすかわからなかった。

ここに政之助は草議して「松陰は学術ならず、人心を動揺させる。依ってこれを野山獄に下さん」（「厳囚紀事」）と宣した。

これを玉木文之進のもとに伝えに来た参謀役の井上与四郎に、文之進は「松陰に罪があって、藩政府がこれを獄に投ずるのは構わない。今私が家に閉じ込めれば、松陰を慕う正義の連中は、松陰が父兄のいう事を聞かない不孝者と責めるよりも、父兄の方を義理を知らぬ者と罵るだろう。止むを得ない。僕は官を辞めて退き、松陰を部屋に住まわせて一緒に勉強しよう。松陰に学術の純でない所があれば、まさにこれを正そう。そして取るべき意見があれば、これをお上《かみ》に述べよう。僕が松陰を見るに、松陰は粗暴にすぎるかもしれないが他意はなく、国や皇室を思う真心があるのみである」と、松陰を擁護した。

そして井上が帰ると、文之進は急に病気と称して、辞官を願う書状を藩政府に提出した。当時、長州藩は領内を十六分割して、それぞれに代官を置いていたが、文之進は吉田宰判（山口県下関市）の代官だった。しかも潔癖公平な名代官として、評判はいたって高く、これを辞めさせるわけにはいかなかったので、辞官は許されなかった。文之助は涙ながらに松陰の収監に同意せざるを得なかった。

❖「師に罪なし」と藩政府要人の宅邸に押し寄せる

松陰は塾生を招いて盛大な酒宴を開いた。彼は酒が好きではなかったが、下戸ではなかった。**前原一誠、入江杉蔵、品川弥二郎**《やじろう》ら十人が集まった。「諸君、これより戸を閉めて世の中から退く。各々、為さんと思う所を為せ。吾は静坐黙処して、皆の為す所を見ていよう」と、別れを告げた。

それにしても政之助が憎かった。「藩政府の浅知恵、実に憤懣《ふんまん》に耐え申さず」という。そして、「狡猾な政府周布を除かなければ、国事はなせない。小生もとより一命はほしくない。**中村道太郎**が先日いった周布の言葉（内容不明）に間違いなければ、拙者は周布と刺し違え申そう」

また酒宴に会した塾生たちは、この処置に憤った。藩の重役たちのもとに酒宴に出席した者のうち八人が押しかけ、師・松陰の罪は何かと問い質したが、きちんとした答えは返って来なかった。周布の屋敷にも詰めかけたが、周布は病気といって会わず、やがて裏門から逃げ出した。八人は帰りを待つといって邸内に居座り、詩を吟じ、わざと大声で論陣をはって朝まで騒いだ。この強訴を藩政府は罪として許さず、全員を自宅幽閉にした。

松陰を獄に入れたくなかった叔父・文之進と共に父・百合之助も抵抗し、松陰は病気であると称し、看護願いを出すなどして引き延ばせるだけ引き延ばした。だが、十二月二十六日、ついに松陰は再び野山獄に送り込まれたのである。

僕は忠義を、諸友は功業をなすつもり

――江戸居の諸友久坂・中谷・高杉なども皆僕と所見違ふなり。其の分かれる所は僕は忠義をする積り、諸友は功業をなす積り。

（某宛への手紙・安政六年一月十一日付）

松陰は再び野山獄の人となった。彼はくじけることなく元気であった。だが松陰を取り巻く人々が、なぜかよそよそしくなる。江戸の塾生からは諫めの手紙が届く。すると、松陰は塾生たちをも批判するのだ。

再入牢する前、松陰は江戸にいる塾生たちに老中・間部要撃策を知らせていた。これに驚いた塾生たちは一様に渋い顔になった。かつて**久坂玄瑞**は向こう見ずで過激な思想を持ち、**高杉晋作**も激しやすく突っ走る性格だった。だが、彼らは京都・江戸で尊攘派の志士と交わり、幕府の動静を熟知するにつれ、時を見極めて慎重に行動する姿勢に変化していた。今や、どの塾生よりも、師・松陰のほうが過激になってしまっていたのだ。このままでは井伊大老の強権政治の餌食になると、彼らは心配した。そこで玄瑞、晋作に**中谷正亮**、**飯田正伯《しょうはく》**、**尾《お》寺新之丞《でらしんのじょう》**の江戸にいた塾生五人が連名で、松陰を諫言する手紙を送り、年明け早々、獄中の松陰に届いたのである。

「先生（松陰）、このたびの正論に感服いたします。御苦労のほど誠にもって感激いたしております。そうではありますが、天下の時勢は今日に至って大いに変わり、諸藩は鋒《ほこ》を収めて傍観しており、甚だもって嘆息の至りです。将軍宣下（十四代家茂誕生）も済んで、世間もやや静まりましたので、義旗《ぎき》一挙は実に容易ではなく、毛利藩に必ずや害を及ぼしましょう。そうではありますが、幕府役人の暴虐、反政府諸侯の隠居申し渡し、また交易の開始といったことに相成りましたならば、このときにおいて、お互い国のため一生懸命に心を尽くし苦労すべきであり、それまでは我慢して、毛利家の害にならぬよう、国のため大いに祈ろうではありませんか」

塾生五人は、松陰の身を案じて諫言した。だが、松陰は、この門下生たちにも怒りの矛先を向けたのである。

自分だけが長州藩で唯一、忠義の人

安政六（一八五九）年一月十一日は、**金子重之助**の五回忌に当たっていた。一緒に企てたアメリカ渡航に失敗し、萩に囚人として送られた重之助は、身分が足軽だったため、武士が入る野山獄と道を挟んで向かい合っていた岩倉獄に入れられたが、江戸の牢獄にあったときから病に苦しみ、享年二十五歳にして岩倉獄で死んだのである。

大きな夢を描いて倒れた友の命日と、疎外感を覚える今日の状況に、松陰の感情は高ぶっていた。「今日は亡き友・重之助の命日なり。僕、生を獄舎に盗み置くこと、冥土の友に恥ずかしく思う」ではじまる宛先不明の手紙で、松陰は筆鋒鋭く自らの行ないを賛美し、江戸から塾生が送った手紙に反駁する。

「毛利藩には沢山の家来がいるが、吾輩《わがはい》のみが忠臣である。吾輩が皆に先駆けて死んでみせたら感激して奮起する者もあろう。そんなことが起きなければ、いくら時を待ってもその時は来ない。今の逆焔《ぎゃくえん》は誰がこれを激しく燃え立たせたのか。この吾輩ではないか。吾輩がいなければ、この逆焔は千年経っても燃え上がりはせぬ。吾輩がいれば逆焔はいつでも燃え上がる」と胸を張る。

続いて「**忠義と申すものは、鬼の留守の間に茶にして呑むようなものではない。吾輩が恐れをなしてちぢこまってしまえば、逆焔もちぢこまってしまうが、吾輩が再び奮い立てば、逆焔も奮い立つ。それは幾度でも同じである**」といって、忠義とは鬼のいぬ間に茶を飲むような生やさしいものではないことを強調するのだ。そして「江戸にいる諸友の久坂・中谷・高杉なども皆、僕の意見と違う。その分かれるところは僕は忠義をするつもり、諸友は功業をなすつもり」と非難した。

忠義は無私の行為なのに対し、功業は手柄であって地位や名誉を得る欲につながる。松陰は「だからといって人々には各々長所がある。諸友を駄目だとはいわない。尤《もっ》とも功業をなすつもりの人は天下にあふれている。しかし、忠義をなすのはわが同志数人のみである」といい切った。それは松陰の命令通りに当時動いていた**入江杉蔵・野村和作**兄弟、**伊藤伝之輔**《でんのすけ》を指す。他の友人・塾生は裏切り者のように思ったのだ。

必ず出獄できるときが来る

――吾れ今三十、幕譴《ばくけん》を蒙《こうむ》りてより五年、今から五年したらば幕譴或は免ぜん。吾が藩も三度御参府の内には政府の役人も一変すべし。吾れ必ず出獄の時あらん。出獄より五年は馬鹿な貌《かお》して山里に居り、其の後他国へ出る。他国へ出て五年して後事を挙ぐる時、年四十六歳なり。

（野村和作への手紙・安政六年四月頃）

藩にも裏切られ、また諸友の理解も得られず松陰は絶食した。そこから松陰は立ち直り、友・塾生の皆と和解する。死ぬ事ばかりを考えていた松陰は生きるだけ生きて、あくまでも事の実現を目指そうと思うようになる。

「いましめの人屋《ひとや》は今日も人ぞこぬなほ人の日と人やいふらん」と詠んだ歌を、松陰は兄・梅太郎に送った。その歌の意味はこうである。「野山獄に今日も訪れて来る人はいない。なのに、なぜ人の日（五節句の一つで旧暦正月七日）というのだろうか」

予防措置としての投獄だけに面会はほとんど自由だったにもかかわらず、来訪者がないだけでなく、一通の書簡も来ないと、兄への手紙で嘆いているのである。

松陰の不当牢獄をなじった者は、すでに自宅監禁されていた。塾生の中には親を思い、また藩に遠慮して、松陰を敬遠した者もいた。さらに松陰を刺激しないように、一時交際を絶つことを皆で申し合わせたともいう。ここに孤立無援となった松陰は、一月二十四日午後から、寒風が容赦なく吹き込む獄舎で正座瞑目して絶食をはじめた。

餓死しようとしたのである。驚いたのは杉家の人々である。母・瀧は「母は病多く長生きは難しい。たとえ野山屋敷に行かれても、無事であれば勢いにもなるので、短慮はやめ、長らえてください」と筆をとり、料理をつくって持たせた。父・百合之助は「母の料理を食べてほしい。このたびの思い立ちはよろしからず」と諌めた。叔父・文之進は、「汝もし餓死すれば、狂気といわれ、世の笑い種《ぐさ》になろう。獄中の餓死に、勤皇の一義において何の益がある。父母を嘆かせる大不孝を考えよ。日頃は他人に、生を養い心を練って、大いに国恩に報ぜよと講じながら、自分は絶食餓死とはそもそも何事か」と、厳しく戒める手紙を書いた。

両親と叔父の慈愛と叱責をきっかけに、松陰は反省して絶食を一日でやめた。

松陰はまた、大原三位の萩下向策や参府する藩主の駕籠を伏見に留めて勤皇の意思を明らかにする策など、討幕の先達に長州藩を巻き込む計画を次々に練った。だが、協力した塾生は**野村和作**しかいなかった。彼もすぐに拘束されている。和作に連座した罪で、兄・**入江九一**（自宅幽閉中だった）も共に岩倉獄に入れられた。松陰はこの二人を腹心として信頼し、獄中での手紙のやり取りをしている。

❖徳を積み善行を重ねて、国事を遂行したい

江戸から戻った**久坂玄瑞**が**品川弥二郎**を伴い、松陰に面会に来たのは四月六日の夜だった。はじめはぎこちない対面だったが、もともと信頼し合う師弟であり、玄瑞は妹・文を妻にする義兄弟であった。すぐに二人は和解する。**高杉晋作**に送った手紙で「久坂は若者らしくない大人びた見解を悔いているようだ。僕はもとより久坂を敬愛

している」と述べて、音信を断っていた晋作とも仲直りした。松陰は絶食以降、読書にも再び熱中し、次第に依怙地《いこじ》な心を捨てはじめていた。松陰は自らの非を詫びて、**桂小五郎**ら友人・塾生との友情を復活させる。

そして死ぬことばかりを考えていた松陰は、生きて尊攘運動の先頭に立とうとの考えに変わるのだった。岩倉獄にいる弟子・野村和作への冒頭の手紙は、その松陰の新心境をよく物語る。

「**人生の道はこの上もなく大きい。餓死・諫死《かんし》・縊死《いし》・誅死《ちゅうし》・刑死、皆すばらしい。一歩退いて一生を盗み生きることもまたすばらしい。死ぬ事は実に難しい。だが生を盗み生きることはさらに難しい事をはじめて悟った**」というのである。

「吾は今年三十歳。幕府の咎めを受けてから五年になる。今から五年が経てば幕府の咎めも許されよう。吾が藩も三度参勤交代で江戸に行き、藩政府の役人も一変している。吾に必ず出獄のときは来る。出獄したら五年間は馬鹿な顔をして田舎にいて、その後に他国に出る。他国に五年いた後、事を挙げるとき、四十六歳になっている」

松陰は、そんな皮算用をした。そして「**積徳累善《せきとくるいぜん》でなくては大事はできず**」と悟る。積徳累善とは、徳を積み善行を重ねることだ。松陰もずいぶん変わったものである。

草莽崛起《そうもうくつき》、天朝も幕府も藩もいらない

——義卿（松陰）、義を知る、時を待つの人に非ず。草莽崛起、豈《あ》に他人の力を仮らんや。恐れながら、天朝も幕府・吾が藩も入らぬ、只だ六尺の微躯《びく》が入用。

（野村和作への手紙・安政六年四月頃）

前項に続く同じ野村和作への手紙で、松陰は草莽の発見にたどりつく。それは皆と遮断された絶望と孤独を経て再出発する中で生まれた発見であり、草莽崛起は久坂玄瑞や高杉晋作ら弟子たちに引き継がれる、きわめて重要な思想である。

野村和作と獄中間で手紙を往復させた四月、**佐久間象山**の甥の**北山安世**が長崎からの帰り、萩に立ち寄って密かに野山獄に二度ほど松陰を訪れている。その萩滞在中に松陰が安世に送った手紙が注目される。

「三千年来独立して一切の束縛を受けなかった大日本が、外国の干渉を受けることは、正義感のある者から見て忍びない。**ナポレオンを起こしてフレーヘード（自由）を唱えなければ腹の虫がおさまらない。僕は成す事は難しいと知りながら、昨年以来、微力を出して粉骨砕身《ふんこつさいしん》したが一つとして役に立たず、空しく牢獄に座す身となった。この僕の処置をいたずらにいえば一族に罪が及ぶことになるが、今の幕府も諸侯ももはや酔人なので、力を貸す術はない。こうなれば草莽崛起（在野から立ち上がる）の人を望むしかない。**されど本藩の恩と、天朝の徳とはどうしても忘れられぬ。草莽崛起の力によって近くは本藩を維持し、遠くは天朝のいったん衰えた勢力を助けて再生すれば、分を越えた行為であるが神州（日本）に大功ある人となろう」

読書家松陰は、ナポレオンが砲兵士官として自由を唱えてフランス革命で活躍したときに、この革命で果たした市民たちの力、つまり草莽の決起にヒントを得たのである。まるで酔っ払いのようなフヌケの幕府や諸侯を頼まず、草の根の人々を頼もうとしたのだ。この草莽崛起の発明は、松陰の心を踊らせた。出獄の暁には、この草莽の同志たちを率いて、決起の先頭に自分が立とうと考えたのである。

❖草莽崛起を発明したとき、松陰に非情な運命が……

冒頭の野村和作への手紙は「**松陰は義を知る者であり、時を待つ者ではない。草莽崛起、他人の力を借りようではないか。恐れながら、天朝も幕府も長州藩もいらない。ただ六尺の小さなこの体が入用なのだ。自分は決して義に背きはしない**」という。

しかし草莽崛起を発明した矢先だった。四月十九日、幕府より江戸藩邸に、松陰を江戸に送れとの命令が下る。翌五月十四日、その知らせは萩にもたらされた。皆、寝耳に水の驚きだった。草莽崛起を松陰本人が実現する夢はここに絶たれる。

だが、松陰の志は塾生たちに受け継がれる。**久坂玄瑞**は松陰亡き後、長州の尊攘派のリーダーとなる。そして土佐藩の尊攘派領袖の**武市《たけち》半平太《はんぺいた》（瑞山《ずいざん》）**との連携が模索される中、半平太の使いで来た**坂本龍馬**に「諸侯は恃《たの》むにたらず、公卿も恃むにたらない。草莽の志士を糾合し、義挙の外に策はないと、我等同志で申し合わせている。

失敬ながら尊藩も弊藩も滅亡したとしても、大義のためなら仕方がない。畏れ多くも天皇の叡慮を達成しなければ、神州のこの国に衣食する甲斐はない」と書いた手紙を渡している。玄瑞のこの手紙は、まるで松陰が書いたかのようであり、草莽崛起をうたって藩を超えた団結を主張しているのである。だが、玄瑞は松陰の刑死から五年後の元治元(一八六四)年に禁門の変で倒れた。

その草莽崛起を実践したのが、**高杉晋作**である。奇兵隊はまさにその象徴だ。

攘夷を長州藩が下関で決行し、沖を通る米仏蘭三国の船を砲撃した。だがその報復攻撃では、武士はなす術なく逃げ回ってだらしなく、商人や農民は武士を嘲笑った。晋作は松下村塾で足軽、農民、医者の子たちが、藩士の子より往々にして優秀なのを見てきた。そこで敵の虚をつく奇道を駆使して勝つために、身分を問わず、足軽、町人、僧侶など草莽の人々も参加できる奇兵隊を編成したのだ。身分の低い人々の力を借りて、当時保守派が握っていた藩政府を尊攘派が奪還し、幕府との四境戦争(第二次長州征討)を勝ち抜く。晋作の死後も草莽の力を借りて、ついに幕府を倒すことになる。草莽崛起は日本の歴史を変えたのである。

忘れないでほしい、僕の大和魂を

——身はたとひ武蔵の野辺に朽《く》ちぬとも留《とど》め置かまし大和魂

（『留魂録《りゅうこんろく》』）

『留魂録』は死刑となる前日の黄昏《たそがれ》に書き上げられたもので、松陰の遺書といえる。松陰は長州人の手もとに届くように、同じ遺書を二通りつくり、同房の囚人などに託した。この歌はその冒頭に置かれたもので、あまりに有名である。

「私は処刑されて、この体は武蔵の野辺に朽ち果てようとも、忘れないでほしい、僕が抱き続ける日本人としての確固たる精神である〝大和魂〟を」

松陰が「大和魂」という言葉に魅せられたのは、脱藩して東北遊学に出て立ち寄った水戸で、**会沢正志斎**《あいざわせいしさい》などに会い、水戸学に感銘を受けてからである。

大和魂は近世、国学者などによって強調され、日本民族固有のいさぎよい精神を表わす言葉になった。だが「大和魂＝大和心」という言葉は、もともとは平安時代に生まれた言葉で、漢学の素養に対して日本固有の智恵や能力をいい、『源氏物語』『今昔物語集』などにも使われている。江戸中期の国学者・本居宣長《もとおりのりなが》が詠んだ「敷島の大和心を人問はば朝日ににほふ山桜花」では、日本民族の優雅な美意識が感じられる。この大和魂を猛々しい精神に変えたのは幕末である。曲亭馬琴《きょくていばきん》が『椿説弓張月《ちんせつゆみはりづき》』で「死を軽んずるは、日本《やまと》だましひなれど……」と書き、勇敢な精神として使った。そして国粋主義の高まりと共に、日本民族の勇敢な精神として好んで使われるようになる。

そのリーダー的存在が松陰であり、冒頭の歌は、アメリカ渡海に失敗し江戸の獄舎に送られる途中、泉岳寺を通過する際に詠んだ「**かくすればかくなるものと知りながら已むに已まれぬ大和魂**」と共に、人口に膾炙《かいしゃ》されるようになったのだ。

母たる妹たちよ、突然の不幸は武士の常

――心あれや人の母たる人達《いましら》よかからん事は武士《もののふ》の常

（『東行前日記』）

松陰が、妹である千代、寿、文の三姉妹に、江戸へ送られる直前に野山獄から送った遺訓ともいえる訣別の歌である。最後の句は「武士の常」ではなく、「武《ぶ》士《し》の習《ならい》ぞ」とするものもある。

突然、江戸送りの通達に、家族、友人、弟子たちは驚いた。もちろん一番びっくりしたのは松陰自身だっただろう。松陰は日頃から、妹三人に母としての自覚を説いてきた。だから、その妹たちに「心せよ、子の母である妹らよ。このような事、つまり思ってもみなかった突然の不幸は、武士の妻として覚悟しておかねばならないことなのだ」と歌に詠み、今回のことをよい見本にせよと諭したのである。

東送の命令が正式に下ったのが、安政六（一八五九）年五月二十四日、獄舎の責任者・福川犀之助《さいのすけ》は自分が罰を受けるのを覚悟で、松陰に最後の一家団欒をさせてやろうと家に帰した。塾生たちも訪れたので家族水入らずの夜にはならなかったが、母・瀧が「どうかもう一度、無事な顔を見せておくれ」というと、松陰はニッコリ笑って「お母さん、必ず息災な顔をお見せします」と事もなげに答えていたと、妹・千代の回顧談にある。そして翌朝、松陰は再び獄に帰るが、父も母も涙一滴こぼさず、「私共に致しましても、たとへ如何なる事があるとも、斯《かか》る場合に涙をこぼすと申すことは、武士の家に生まれた身として此の上もない恥ずかしい女々しい事と考へて居《お》りますから、胸は裂けるほどに思ひましても、誰も泣きは致しませんでした」と、兄と妹三姉妹の別れを語っている。まさに松陰の歌と対をなす千代の言葉である。

帰らないと決めた旅だから、涙松よ……

――帰らじと思ひさだめし旅なればひとしほぬるる涙松かな。

（『涙松集《るいしょうしゅう》』）

『涙松集』は護送中に松陰が口吟した短歌二十首の小品。同時に詩集『縛吾集《ばくごしゅう》』があり、「長雨に熟麦が刈られず残り、激水に田植したばかりの苗が漂う。農事まさに思うにならず、吾が行など傷むに足りない」の詩が、冒頭の歌を同じ日に詠まれている。

朝、自宅から野山獄に戻った松陰は、唐丸籠《とうまるかご》に収容され、途中襲撃を恐れて、総勢三十人という物々しい護送役人に守られて、梅雨の長雨が続く中、萩を後にした。三キロばかり来て、役人の配慮で籠は松並木の道で止まった。城下の向こうに萩城を望める最後の場所だった。そこの松は涙松と呼ばれていた。歌の意味は「再び帰ることはないと心に決めた旅なので、一層涙がこみ上げてくる涙松であることよ」。

この三年前に書いた『講孟劄記』で、松陰は涙松について書いている。「萩城東南の郭外大屋村の道傍に涙松がある。この松をすぎれば、再び萩城を見ることはできない。だから俗にいう。この松を見れば皆、涙を落とさぬ者はいない。よってこの名を得たと。ぜひとも、この松のいわれによって人情を知ってほしい」。そして続けて、「この人情は人には誰もあるが、その本質がわかる凡人はまずいない。**涙松でこれほどまでに自分の国を恋い慕うのは、国には主君がおり、親がいて、墳墓があり、妻子がいるからである。これを深く考えるならば『忠臣は二君に仕えず』の理由はおのずと明らかであり、防長の臣民は防長のために死生すべく、皇国の臣民は皇国のために死生すべき義は、何ら疑いをさしはさむ余地はない。**そしてこのことが『講孟劄記』の根本精神でもある」――涙松は、松陰の精神を具現するものだったのだ。

箱根越え、君を思って汗をふこう

——箱根山越すとき汗の出でやせん君を思ひてふき清めてん。

（「詩文拾遺」）

高須久《たかすひさ》は大組である馬廻り組三百余石・高須五郎左衛門の娘で、養子婿の夫に先立たれた。娘二人がいたが、被差別部落の人間と親しくなったとして、親族の願いによって野山獄に入れられ、松陰と知り合ったのである。

松陰は生涯妻を娶らなかった。そして浮いた話もまったくない。しかし、野山獄で女囚の**高須久**と交わした和歌・俳句のやり取りからは、恋にも似た心の交流が伝わって来る。

松陰が野山獄に投じられたとき、十一人の囚人がいたが、その中にただ一人女性がいた。それが高須久である。在獄はすでに二年、年は三十七歳であった。松陰より十二歳年上の久は、非常に女の色香を感じさせる女性だった。彼女は陽気でのびのびした性格で、三味線を趣味とし、浄瑠璃や俗曲、流行歌《はやりうた》にのめり込んだ。こうした芸能は、門付けをしてまわる被差別部落の人達が得意とするものだった。厳格な身分社会にあって、久は身分にこだわらない大らかなところがあり、被差別部落の弥八と勇吉を家に上げて、三味線に興じ、飲み食いし、時に家に泊め、金品も贈ったのである。

彼女のこの行動に、親戚は世間に顔向けできぬ不祥事と怒り、藩に訴え出た。これに対して藩は「女ながらも士族として非法であり、その罪は許されない」と裁定して、野山獄への投獄を命じたのだった。

久は教養もあり、俳句をよくした。中秋の名月に「宇治の茶の絆《きずな》なりけりけふの月」、安芸の宮島を詠んで「楓《もみじ》する中にも朱《あけ》の鳥井哉《かな》」など。

松陰と渡米を企てた**金子重之助**が岩倉獄で死んだとき、松陰の心を汲んで、囚人らが手向《たむ》けの句を詠んだのだが、このとき久も「わか木さへ枝をれにけり春の雪」と詠み、若き志士に哀悼の句を捧げた。

❖愛のゆらめきが感じられる二人の作品

二人は男としてまた女として魅《ひ》かれ合うようになったようだ。それを松陰の歌が物語る。久が自分のことを子細に語った後で、「清らかな夏木のかげにやすろへど人ぞいふらん花に迷ふと」の歌を松陰は贈った。花は、もちろん久を指す。また久がくれた俳句の脇に「懸香《かけごう》（女性携帯用絹袋入り香料）のかをはらひたき我れもかなとはれてはぢる軒の風蘭《ふうらん》（観賞用の白いラン）」、また「一筋の風の中行く蛍《ほたる》かなほのかに薫る池の荷《はす》の葉」と書き込んだ。その歌には、愛のゆらめきが感じられる。

松陰は一年二カ月間、獄にいて杉家に帰れるようになる。このときの送別詠草で、久は「鴫立つてあと淋しさの夜明かな」と詠んだ。この「鴫」は、久の原文は「鳴《しぎ》」だという説が強い。偏《へん》を「田」としたものを「甲」と見間違えられたとするもので、鳴が正しければ、松陰の字《あざな》の「子義《しぎ》」に通じ、「あなたがいなくなる夜明けは何とも寂しい」という意味の恋の句になる。

三年後、松陰が再び入牢したとき、久はまだ牢獄にいた。二人は再会を喜び合い、さらに心の絆は深まる。だが別れの日が迫る。『東行前日記』に「手のとはぬ雲に樗《おうち》の咲く日かな」の久の句が載る。「手が届かない雲にせんだんの花が咲き映えている」という意味である。久のやるせない哀しさが漂う。

そして、ついに永久の別れの日がやって来る。久は餞別に汗ふきを贈った。このお礼に、松陰が返した歌が冒頭の歌である。「箱根の山を越えるとき、きっとたくさんの汗が出るであろう。そのとき、君を想って汗を拭いて身を清めよう」。静かな歌の中に、そこはかとなく愛情が醸し出される。

そして、高須久に申し上げるといって詠んだ松陰の句が印象的である。

「一声《ひとこえ》をいかで忘れん郭公《ほととぎす》」

郭公とは、松陰自身を示す。「あなたの声を決して私は忘れない」。まさに愛の叫び以外の何ものでもない。

久が出獄できたのは、松陰の死から九年後の明治元（一八六八）年のことだった。

僕三十歳、四季は備わり成長も実りもした

——義卿三十、四時《しじ》已《すで》に備はる、亦秀《ひい》で亦実る、其の秕《しひな》たると其の粟《ぞく》たると吾が知る所に非ず。

（『留魂録』）

萩を出て囚われの松陰は、二十九泊三十日を経て江戸に着く。桜田の藩邸に二週間いて、安政六（一八五九）年七月九日、幕府評定所に呼び出され、伝馬町の牢に下った。取り調べの中で、自ら喋った間部老中要撃策が命取りとなり、死罪を覚悟した。

当初幕府が松陰にかけていた嫌疑は、大したものではなかった。**梅田雲浜**とのかかわりと、京都御所内で見つかった幕政批判の落とし文が松陰の書いたものかどうか、取り調べはこの二点のみであった。

松陰は京都や江戸で雲浜と交わり、雲浜は萩に来て杉家幽室を訪れたことがあり、松下村塾の額面揮毫《きごう》を頼んだことがあった。しかし、その額面がすぐに取り払われたことからも明らかであるように、松陰は自分を下目に見る雲浜を好きになれなかった。だから、取り調べでは、雲浜は行動を共にする同志ではないといい切った。また、御所の落とし文は筆跡が松陰に似ているると疑われたのだが、筆跡も用紙も違い、自分はそんな卑怯な事はしないと断言して、両者ともきっぱりと否定した。

だが、取り調べ方から、今の時勢について忌憚ない意見を聞かせてほしいといわれたときから、状況がガラリと変わった。至誠をもって相手を説得する覇気に燃える松陰は、滔々《とうとう》と信念を披瀝したのだが、間部老中を要撃しようとしたことを、つい喋ってしまったのだ。松陰はてっきり、このことをすでに幕吏は知っていると思っていたのだが、実は藩はこれを幕府に隠していたのだ。取り調べ方の顔色がサッと変わった。幕府要人暗殺計画とあれば、見逃すわけにはいかない。松陰が「しまった」と思ったときにはもう遅かった。松陰は墓穴を掘った。本来、遠島などの軽い罪ですむはずだった松陰は、ここに幕府反逆者として重罪人とされたのだ。

松陰はついに死罪を覚悟する。そして『留魂録』はいうのだ。

❖僕の志を継いで尊攘の世の実現を

「今日死を覚悟して心が安らかなのは、四季の循環、つまり春夏秋冬の繰り返しについて、思い至ることがあったからである。おおかた穀物の成育を見ると、春は種を蒔き、夏は苗を植え、秋に刈り入れ、冬は貯蔵する。秋冬になると人は皆、その一年の収穫を喜び、酒をつくり、甘酒に変えて、村野は歓声に満ち溢れる。未だかつて秋の収穫に対して、これが一年の終わりだと悲しむのを聞いたことがない。

僕は行年三十歳、一事をなすこともなく死ぬのは、稲の穂が未だ出ないで実らないのに似ていて惜しいと思われがちである。だけど僕自身としていえば、今が稲が見事に実った秀実のときであり、必ずしも悲しむことではない。なぜならば人の寿命は定まりがないからだ。米の収穫のように必ず四季を経なければならないのとは違う。十歳で死ぬ者は十歳の中に自らの四季がある。二十歳には自ら二十歳の四季があり、三十歳には三十歳の四季があり、五十、百は自ら五十、百の四季がある。十歳をもって短いとするのは、数日しか生きられない蟬《せみ》をして、数千年も寿命のある霊木の椿の寿命に引き延ばそうとするものである。百歳をもって長生きとするのは、霊木の椿をして蟬と同じに見ることである。それは両方とも天命に達しないことになる。

松陰三十歳、四季はすでに備わっている。また成長もし、また実りもした。だがそれが殻ばかりの籾《もみ》なのか、実の入った籾なのかは、僕の知るところではない。もし同志の士が僕の真心を憐《あわ》れんで、志を継いでくれる人があれば、後に蒔く種子は途切れず、豊作の年に恥じないものとなろう。同志たちよ、このことをよく考えてほしい」

この松陰の言葉はまさに聖書『ヨハネ伝』の「一粒の麦、地に落ちて死なずば、唯一つにて在らん、もし死なば、多くの果《み》を結ぶべし」を連想させる。イエスの言葉は一人の犠牲によって多くの人が救われることを説いたものだ。松陰の言葉は、自身が蒔いた種が門人友人たちによって新たな種を生み、実を結んで、真の尊皇攘夷の世の中がきっと来ると希求し、また確信もしたものである。そして松陰はまさに棺を蓋った後に、自分の行ないの結果がわかると述べている。

親を思う子の心より、親心のほうが勝る

——親思ふこころに勝る親ごころけふの音づれ何ときくらん。

（父・叔父・兄への手紙・安政六年十月二十日付）

死罪が確実となった松陰は、父・百合之助、叔父・文之進、兄・梅太郎への三者連名の訣別の手紙を書いた。手紙は松陰が処刑された後、萩の家族のもとに届いた。

松陰は手紙の冒頭で、「日頃の僕の学問が薄っぺらだったから、至誠が天地を感動させられず、今回の死罪決定となりました。さぞ悲しみ嘆かれることでしょう」と詫びた後で、この別れの歌を綴っている。その歌意は「僕が親を思う気持ちより、父母が僕を思ってくれている親心のほうがずっと深い。だから、僕が死罪になるという今日の知らせを、両親はどんな悲しい思いで聞くのでしょうか」である。

手紙は「外敵が縦横自在に幕府内でのさばっているが、神国である日本はまだ地に堕《お》ちてはいない。上には徳高い天子がおられ、下には忠義に燃える志士がたくさんいるので、天下のこともあまりお力を落とされないようにお願いします。極力気持ちを大切になされ、長寿を保たれなさってください」で結ばれる。

そして追伸の形で、「実母・瀧と養母・久満の両北堂《りょうほくどう》様はもっぱらにお身体をいたわってください」といった後、「私の首は江戸に葬り、家での祭りには（間部老中要撃計画の際に書いた）遺言書と、私が赤間関（下関市）で買い求めて十年余著述を助けてくれた功臣である硯《すずり》を、神主（形代《かたしろ》）としてほしい。また、墓には『松陰二十一回猛士』とのみ記してくれることを頼みます」と願った。松陰は、実に冷静に自分の死後の事までも訣別の手紙に認めたのである。

今死ぬ僕の心を、神は見通してくれている

――吾今国《われいまくに》の為《ため》に死す。死して君親《くんしん》に負《そむ》かず。悠々《ゆうゆう》たり天地の事。鑑照《かんしょう》明神に在り。

（長州藩公用人・小幡高政談）

松陰は、家族への訣別の手紙を書いた七日後、そして『留魂録』を書き上げた翌日の安政六（一八五九）年十月二十七日朝、評定所から罪状の申し渡しがあり、その正午、伝馬町の獄舎において首を刎ねられた。二十九年と三カ月の生涯だった。

松陰の絶筆とされるのは「十月二十七日呼び出しの声をききて」とあって、評定所で詠んだ「此の程に思ひ定めし出立《いでたち》はけふきくこそ嬉《うれ》しかりける（近頃と考えて心に決めていた死出の旅立ちが今日だと聞いて嬉しく思う）」である。

この萩にもたらされた最後の歌と同じ、松陰の真筆とみられるものが、平成二十六（二〇一四）年一月に新たに見つかった。

毎日新聞・京都新聞などによれば、京都の井伊美術館が発見したもので、何と松陰とは政敵である**長野主膳《しゅぜん》**の書状を門弟がまとめた巻物に、貼りつけてあったというのだ。主膳は**井伊直弼**の腹心で、安政の大獄を京都で断行した国学者である。

新発見の松陰の絶筆は、主膳とみられる筆跡で「長州吉田寅二郎辞世」と裏書きがあり、牢屋奉行・**石出《いしで》帯刀《たてわき》**を通じて入手したとの説明書きもついていたという。弾圧の相手でありながら松陰が気がかりな人物だったことから、主膳が牢屋奉行に頼んで書かせたもので、これを大事に保存していたものと想像される。

つまり、松陰は同じものを最後のときに二通書いたことになる。

その松陰の最期を語る、二つの目撃談がある。安政の大獄に連座して投獄され、評定所において松陰の姿を見たのは伊勢の人・世古格太郎《せこかくたろう》だった。その著『唱義聞見録』の内容と、この後に記す小幡高政談には食い違いもあるが、両者をそのまま記す。

❖死罪申し渡しの瞬間、松陰は――

『唱義聞見録』で、世古格太郎はこのようにいう。「やがて申し渡しの声聞え、松平伯州長き申し渡しあり、終りに大声にて、公儀も憚《はばか》らず不届の至りに付き死罪申し付くると聞ゆるや否、白洲騒がしく、一人の囚人を下袴計《ばか》りにし、腕を捕へ、二三人にして白洲口より押し出し来り、誠に囚人気息荒々敷き体なりき。直ちに仮牢に押入れ、立ちながら本縄に縛せり。予是れを視るに寅次郎なり。一人の同心寅次郎にいふ、御覚悟は宜《よろしゅ》うござりますかと。寅次郎答へに、素より覚悟の事でござります。各方にも段々御世話に相成りましたといふや否、直ちに押し出し、彼の駕に押し込み、戸をしめると直様《すぐさま》彼の同心大勢取り巻き、飛ぶが如くに出で行きたり。跡に残りたる同心一両人、予が駕の側にて申すには、ああ惜しき者なれども是非もなき事と嘆息せり」

一方の目撃者は長州藩の公用人・小幡高政。藩の代表として判決に立ち会った。

以下は、その様子を、明治の世になってから自分の娘（小川三花・萩修善女学校理事）に語ったものである。

「松陰は潜戸《くぐりど》から獄卒に導かれて入り、定めの席に就《つ》き、一揖《いちゆう》（軽くおじぎをする）して列坐の人々を見廻はす。鬚髪蓬々《しゆはつほうほう》（あごひげと髪がぼうぼうと伸びる）、眼光烱々《けいけい》（キラキラ）として別人の如く一種凄味《すごみ》あり。直ちに死罪申し渡しの文読み聞かせあり、『立ちませ』と促されて、松陰は起立し、小幡の方に向ひ微笑を含んで一礼し、再び潜戸を出づ」とある。

その直後、朗々として松陰の吟誦の声が聞こえてきた。それが冒頭の詩である。

「僕は今、国のために死ぬ。その死は主君や親に背くものではない。限りなく大きいこの宇宙にあって、神は僕の心の中をはっきりと見通してくれている」

となる。天地のすべての神々が見てくれており、正義の死なので、僕は進んで死の道に踏み出すのだとして、松陰は朗々と自作の詩を吟じたのである。小幡はいう。

「時に幕吏等なほ座に在り、粛然襟《えり》を正して之を聞く。小幡は肺肝《はいかん》を抉《えぐ》らるるの思あり。獄卒亦傍より制止するを忘れたるものの如く、朗誦終りて我れに帰り、狼狽して駕籠に入らしめ、伝馬町の獄に急ぐ」

見事、堂々たる松陰の最期といえる。まさに完結した生涯であった。

【引用文献】

山口県教育会編纂『吉田松陰全集』全十巻・別巻、一九七二～七四年（大和書房）／吉田松陰『講孟劄記』上下巻、近藤啓吾全訳注、一九七九・八〇年（講談社学術文庫）／奈良本辰也『吉田松陰著作選　留魂録・幽囚録・回顧録』二〇一三年（講談社学術文庫）／廣瀬敏子『松陰先生にゆかり深き婦人』一九三六年（武蔵野書院）／清川秀敏『吉田松陰の女訓を語る　女誡訓』一九四一年（日本青年文化協會）

【主な参考文献】

奈良本辰也『吉田松陰』一九五一年（岩波新書）／冨成博『吉田松陰』一九八二年（長周新聞社）／海原徹『吉田松陰　身はたとひ武蔵の野辺に』二〇〇三年（ミネルヴァ書房）／福本義亮『吉田松陰の母』一九四一年（誠文堂新光社）／川口雅昭『吉田松陰一日一言』二〇〇六年（致知出版社）／田中金一『吉田松陰先生逸話と遺訓』一九三八年／福本義亮『松下村塾をめぐりて』復刻版、一九九八年（マツノ書店）／古川薫『松下村塾』一九九五年（新潮選書）／田中彰『松陰と女囚と明治維新』一九九一年（ＮＨＫブックス）／武田勘治『久坂玄瑞』復刻版、一九九八年（マツノ書店）／池田諭『高杉晋作と久坂玄瑞　変革期の青年像』一九六六年（大和書房）／楫取素彦没後百年顕彰会編集『男爵楫取素彦の生涯』二〇一二年（毛利報公会）／萩博物館編集『吉田松陰と塾生たち』二〇一三年（萩まちじゅう博物館出版委員会）／『国史大辞典』一九七九～九七年（吉川弘文館）

本書は、本文庫のために書き下ろされたものです。

知的生きかた文庫

吉《よし》田《だ》松陰《しょういん》「人《ひと》を動《うご》かす天才《てんさい》」の言葉《ことば》

著　者　楠戸義昭（くすど・よしあき）
発行者　押鐘太陽
発行所　株式会社三笠書房
〒102-0072　東京都千代田区飯田橋3-3-1
https://www.mikasashobo.co.jp
印　刷　誠宏印刷
製　本　ナショナル製本

ISBN978-4-8379-8295-1 C0121

知的生きかた文庫

仕事も人間関係も うまくいく放っておく力

枡野俊明

いちいち気にしない。反応しない。関わらない――。わずらわしいことを最小限に抑えて、人生をより楽しく、快適に、健やかに生きるための、99のヒント。

超訳 孫子の兵法 「最後に勝つ人」の絶対ルール

田口佳史

ライバルとの競争、取引先との交渉、トラブルへの対処……孫子を知れば、「駆け引き」と「段取り」に圧倒的に強くなる！ ビジネスマン必読の書！

最高のリーダーは、チームの仕事をシンプルにする

阿比留眞二

すべてを〝単純・明快〟に――花王で開発され、著者が独自の改良を重ねた「課題解決メソッド」を紹介。この「選択と集中」マネジメントがあなたのチームを変える！

渋沢栄一 うまくいく人の考え方

渋沢栄一【著】
竹内 均【編・解説】

日本近代経済の父といわれた渋沢栄一による、中国古典『論語』の人生への活かし方。名著『実験論語処世談』が現代語訳でよみがえる！ ドラッカーも絶賛の渋沢哲学!!

気にしない練習

名取芳彦

「気にしない人」になるには、ちょっとした練習が必要。仏教的な視点から、うつうつ、イライラ、クヨクヨを〝放念する〟心のトレーニング法を紹介します。

C50452